FRAUEN
-streit

Verlag Katholisches Bibelwerk Stuttgart
Klens Verlag Düsseldorf

W0191995

Die Deutsche Bibliothek – CIP-Einheitsaufnahme

Frauenstreit / hrsg. von Bettina Eltrop ... -
Stuttgart : Verl. Kath. Bibelwerk ;
Düsseldorf : Klens-Verl., 1999
   (FrauenBibelArbeit ; Bd. 3
   ISBN 3-460-25283-9 (Verl. Kath. Bibelwerk)
   ISBN 3-87309-159-3 (Klens-Verl.)

Umschlaggestaltung: Jutta Bost, Ostfildern
Titelfotos: oben: Quelle unbekannt, links: Hilde Körnig,
Mitte: Hilde Körnig, rechts: Quelle unbekannt
Gesamtherstellung: Wilhelm Röck, Weinsberg

ISBN 3-460-25283-9 (Verlag Katholisches Bibelwerk)
ISBN 3-87309-159-3 (Klens Verlag)

Inhaltsverzeichnis

5

Frauen sind zänkisch, schnippisch, intrigant ... Sie schimpfen, zetern, keifen ... Dabei sollen Frauen doch ausgleichen, sich zurücknehmen, Frieden stiften.

Ist etwas Schlechtes dran, wenn Frauen streiten? Oder gehört Streit nicht zum Leben, zur alltäglichen Wirklichkeit eines jeden Menschen dazu?

Heute lernen Frauen den Streit neu zu sehen und zu bewerten. Sie entdecken ihn als eine Möglichkeit, sich selbst und ihren Alltag zu verändern und sich ernsthaft mit Fragen, Problemen und Personen auseinanderzusetzen. Konflikte bieten eine Chance, unterschiedliche Positionen kennenzulernen und auszuhalten. Und sie ermöglichen, daß Frauen sich in ihrer Verschiedenheit begegnen.

Dieser Band der FrauenBibelArbeit ist dem Frauenstreit gewidmet. In der Bibel treffen wir einerseits wie im heutigen Leben auf das Klischee der zänkischen Frau. Doch in dementsprechenden Texten wird Frauenstreit abgelehnt. Andererseits streiten sich die Frauen der Bibel offen und kämpferisch: miteinander, mit Männern ... und nicht zuletzt mit Gott. Der Streit wird weder vertuscht noch beschönigt – und kann für uns zur Herausforderung werden.

Die Beiträge in diesem Bändchen möchten Sie ermutigen, dem Frauenstreit in der Bibel und heute nachzugehen. Und vielleicht fällt durch sie neues Licht auf Ihren Streit mit der Bibel, regen Sie an, zum Streit mit der Bibel, mit anderen Frauen, mit Männern, mit ...?

Wie in jedem Band bildet den Abschluß ein Artikel zu Methoden der Bibelarbeit. Diesmal geht es um die Gestaltung einer themengerechten Mitte. Gestaltungsvorschläge zu jeder Bibelarbeit des Bandes veranschaulichen die vielen Möglichkeiten, die sich bieten.

Die Herausgeberinnen

FrauenBibelArbeit

Die neue Reihe für engagierte Frauen

FrauenBibelArbeit

◆ von Frauen für Frauen

◆ greift persönliche Lebensfragen von Frauen auf

◆ macht Frauen kompetenter in Glaubens- und Bibelfragen

Frauen**Bibel**Arbeit

◆ eine Fundgrube für Frauenthemen in der Bibel

◆ vermittelt biblische Visionen

◆ ein Weg zu vertiefter Spiritualität und Selbstfindung in der Bibel

FrauenBibel**Arbeit**

◆ die praktische Arbeitshilfe für biblisch interessierte und engagierte Frauen

◆ bietet neue Inhalte, Methoden und Ideen für Gruppen in der Gemeinde und in der Bildungsarbeit

◆ zeigt auf, was Frauen zur Bibel wissen und erarbeitet haben

Bibliographische Angaben

Die Bände der neuen Reihe erscheinen halbjährlich: Format: 14,5 x 21,0 cm; ca. 80 Seiten, kartoniert

Die Themen der ersten beiden Bücher

Christel Voß-Goldstein

Ohne Streit keine Solidarität!

Frauenstreit als kreativer Schritt zur Veränderung

Um es gleich vorweg zu sagen: Hier soll ein Plädoyer *für* Frauenstreit gehalten werden! „Harmonie über alles, Konflikte unter den Teppich", das ist zwar oft ungeschriebene Verhaltensmaßregel, aber keine bekömmliche, und zwar weder für Männer noch für Frauen. Nur – worin besteht die Alternative? Danach soll in diesem Artikel gefragt werden.

Frauenstreit: gesellschaftlich unerwünscht

Jungen boxen und brüllen, Mädchen kratzen und keifen; Männer beschimpfen sich und rivalisieren, Frauen klatschen und intrigieren... sind das alles nur Klischees, die von der Wirklichkeit längst überholt sind? Oder handelt es sich nicht doch um ganz tief verwurzelte Ansichten (und zwar bei Männern *und* Frauen), die so gut wie nie auf ihre Auswirkungen hin befragt werden und diese beschriebene Wirklichkeit dadurch immer wieder neu reproduzieren? Auch in unserer heutigen Gesellschaft wird mehr oder weniger selbstverständlich vorausgesetzt, daß Menschen der „Sorte Mann" eben von klein auf lernen müssen, sich im Leben durchzusetzen und zu behaupten. Die weiblichen Exemplare dieser Gattung sollen dagegen nett, freundlich, zuvorkommend und einfühlsam sein, kurz: alles andere als streitbar! Das gilt für Mädchen, die nicht zanken sollen, ebenso wie für „Damen". Damen streiten natürlich nie, dafür werden sie von der Umwelt freundlich und zuvorkommend behandelt, allerdings auch nicht weiter ernst genommen.

Frauenstreit ist also gesellschaftlich unerwünscht und unvereinbar mit dem klassischen Weiblichkeitsideal. Kirchlicherseits wurde diese Vorgabe weitgehend gestützt, ja sogar theologisch untermauert durch die Rede von der dienenden, sich dem Mann unterordnenden Ehefrau bzw. selbstlosen (!) Mutter. Sehr viele Frauen haben diese geschlechts-rollenspezifische Zuweisung bis heute verinnerlicht. Eine, die bedauert, wie unsolidarisch Frauen sind, kann stets auf sehr viel – meist auch noch selbstanklägerische – Zustimmung rechnen. Damit ist alles Negative der bestehenden Situation sozusagen als naturgegeben qualifiziert. „Wir Frauen sind uns ja nicht einmal untereinander einig", wird dann geseufzt, und reihum ist schuldbewußtes und bedeutungsschweres Kopfnicken wahrzunehmen.

Ja – warum sollten wir es denn überhaupt sein? Ist es, einmal nüchtern und ohne dieses von Frauen gelernte Harmoniebedürfnis gefragt, nicht vollkommen selbstverständlich, daß Frauen unterschiedliche Interessen haben und über die daraus entstehenden Konflikte in Streit geraten *müssen*? Daß es konkret so *ist*, wissen wir ja alle.

Frauenstreit: alltägliche Wirklichkeit

Es streiten die Mädchen – schon im Kinderzimmer, wenn sie Geschwister haben, sie streiten im Kindergarten und in der Schule, im Jugendzentrum und in der Clique. Es streiten die Töchter mit den Müttern, die Schwiegermütter mit den Schwiegertöchtern, Schwestern, Freundinnen, Kolleginnen, Kundinnen mit Verkäuferinnen ... alles Frauenstreit!

Natürlich gibt es auch Interessenkonflikte zwischen Frauen und Männern, aus denen Streit entsteht. Frauen verhalten sich dann aber in der Regel vorsichtiger, weil es zumeist ein Machtgefälle gibt. Und es ist immer risikoreich, sich mit Mächtigeren anzulegen. Das ist – nach dem idealisierenden Frauenbild, in dem Streitbarkeit oder gar Aggressivität keinen Platz haben – ein weiterer Grund, warum Frauen oft nicht mit „offenem Visier" in den Streit ziehen, sondern eher verdeckt taktieren, „hintenherum" wird das in der Umgangssprache genannt. Die Rückzugsmöglichkeiten sind dann nämlich größer bzw. die Chance, etwas durchzusetzen, ohne sich dazu bekennen zu müssen.

Frauen *sollen* nicht streiten – sie tun es natürlich trotzdem. Frauen streiten anders als Männer, oft weniger in unmittelbarer Rivalität, eher mit indirekter Konkurrenz. Aber: Frauen streiten um dasselbe (Ergebnis) wie Männer, auch wenn sie es oft entrüstet von sich weisen: um Durchsetzung der eigenen Ziele, letztlich um die dafür erforderliche *Macht*. Ob es sich dabei um hehre, edle und sozusagen „selbstlose" Ziele handelt oder um höchst eigennützige, ist dabei zunächst einmal völlig unerheblich und überdies oft Ansichtssache. Eine Mutter, die ihrer fünfzehnjährigen Tochter mit ernsten Konsequenzen droht, wenn diese nicht um 22 Uhr wieder zu Hause ist, will natürlich nur „das Beste" für ihr Kind – die Heranwachsende wird das jedoch vermutlich als unangemessenen Kontrollversuch werten. Schon ist der Streit unausweichlich.

Suche nach einer Streitkultur

In diese Situation spätestens paßt der so oft zitierte und in seiner Abstraktheit ja auch unwiderlegbare Satz: „Interessenkonflikte (= Streit) sind unvermeidlich, es kommt nur (!) darauf an, wie damit umgegangen wird." Auch dieser Satz erntet regelmäßig allgemeine Zustimmung – in der Theorie. Wenn es um die Praxis geht, ist es oft mühsam genug, den eigentlichen Konflikt*kern* überhaupt noch auszumachen. Denn bei Konflikten geht es nun einmal nicht ohne Gefühle ab. Wut, Empörung, Zorn und Haß wallen auf – allesamt unerwünscht und höchst unweiblich! Da ist es nicht verwunderlich, daß viele Frauen eher den Konflikt leugnen, als sich der Auseinandersetzung mit solchen Gefühlen zu stellen. Die Alternative ist der Rückzug in die Depression, die bemitleidenswerte Opferrolle: „Seht bloß, wie böse mir mitgespielt wurde, wie ich verletzt worden bin" – und damit zugleich der Versuch, Schuldgefühle bei der Konfliktgegnerin auszulösen. So kann sich ein Konflikt hochschaukeln und zum Dauerstreit werden. Daran kann nun wirklich niemand Interesse haben. Was ist also statt dessen zu tun?

Grundsätzlich gilt: *Jeder* Konflikt unter dem Teppich stört eine mögliche Harmonie, aber eben unkontrolliert. Deshalb ist ein Das-wird-schon-wieder-Denken konsequent abzulegen zugunsten folgender Schritte.

– Die eigenen Interessen klar benennen!
– Die Interessen der anderen Seite nachzufühlen versuchen!
– *Kreative* Kompromißsuche, evtl. unter Einbeziehung von Unbeteiligten!

Das alles sind keine Erfolgsgarantien. Aber wenn Frauen wenigstens diese Grundregeln fairen Streitens beherzigen, sind wir schon auf dem Weg zu einer – ausgehandelten und reflektierten – Solidarität unter Frauen.

FRAU GEGEN FRAU

Gabriele Theuer

Rivalinnen um die Gunst des Mannes

Bibelarbeit zu Lea und Rahel (Gen 29–30)

Da in der Erzählung vielfältige Beziehungen zwischen verschiedenen Menschen vorkommen, empfiehlt es sich, vorher den Text in der Bibel (Gen 29,1–30,24) zu lesen, um die verschiedenen Namen mit ihren Bedeutungen und Zusammenhängen einordnen zu können.

Die Erzählung wurde zur Zeit des babylonischen Exils (586–539 v. Chr.) geschrieben, als Jerusalem und der Tempel zerstört und die staatliche Existenz Israels gewaltsam beendet war. In dieser Zeit, als Israel in Gefahr war, als Volk unterzugehen, schildert sie die mit Konflikten und Schwierigkeiten verbundene, aber durch das Eingreifen Gottes gelingende Geburt der zwölf Söhne Jakobs, auf die sich die zwölf Stämme Israel zurückführen. Sie will damit ins Bewußtsein rufen, daß Israel seine Existenz als Volk letztlich Jahwe allein verdankt und so die Zuversicht vermitteln, daß Israel auch durch die Katastrophe des Exils hindurch als Volk Bestand haben werde.

Wenn die eine hat, was die andere nicht hat ...

Viele Kinder oder die Liebe des Mannes?

Die Beziehung zwischen den beiden Schwestern Lea und Rahel, die beide mit Jakob verheiratet sind, ist dadurch gekennzeichnet, daß jede der beiden sich sehnlichst das wünscht, was sie selbst nicht, dafür aber ihre Schwester hat, und sich daher gegenüber der anderen benachteiligt fühlt. Die Erzählung schildert in bewegenden Szenen das Ringen der beiden Frauen um das, was Eheglück bedeutet: die Liebe des Partners und der Kinder. Die eine Frau hat dieses, die andere das; keine ist glücklich.

Die mit Jakob gegen seinen Willen verheiratete Lea, die ihren Mann liebt, von ihm aber abgelehnt wird (29,31), leidet sehr unter der Zurücksetzung gegenüber ihrer jüngeren, attraktiveren und von Jakob geliebten Schwester Rahel. Immer wieder hofft sie, allerdings weitgehend vergeblich, durch die Geburt ihrer Söhne endlich die Liebe und Zuneigung ihres Mannes zu erringen (29,32–34).

Die von Jakob geliebte Rahel wiederum verzweifelt wegen ihrer Kinderlosigkeit, die für sie um so schlimmer zu ertragen ist, da sie miterleben muß, wie ihre Schwester Lea einen Sohn nach dem anderen gebiert. Wie Lea eifersüchtig ist auf die Liebe des Mannes, die ausschließlich Rahel gilt, so ist Rahel eifersüchtig auf den Kinderreichtum Leas. Sie sehnt sich so sehr nach Kindern, daß sie meint, sterben zu müssen, wenn dieser Wunsch nicht bald in Erfüllung geht; die Liebe ihres Mannes, nach der sich Lea über alles sehnt, genügt ihr nicht. Ihre Verzweiflung entlädt sich schließlich in einem vorwurfsvollen Ausbruch – nicht gegen Lea, sondern gegenüber Jakob – mit der Forderung: „Verschaff mir Söhne! Wenn nicht, sterbe ich." Dieser weist aber die Verantwortung für ihre Notlage entrüstet von sich und verweist statt dessen auf den Willen Jahwes (Gen 30,1f).

Ihre Kinderlosigkeit führt Rahel so schließlich in einen dreifachen Konflikt: gegen ihre Schwester, gegen sich selbst und gegen ihren Mann.

Der Konflikt weitet sich aus
Rahel bleibt aber nicht in ihrer Verzweiflung stecken, sondern sie sucht einen konstruktiven Ausweg, um ihr Ziel, die Geburt von Söhnen, zu erreichen: Sie schickt ihren Mann Jakob zu ihrer Magd Bilha, damit diese an ihrer Stelle für sie Söhne zur Welt bringt. Im Konkurrenzkampf mit ihrer Schwester Lea verfügt sie so sowohl über ihre Magd wie auch über ihren Mann (die beide nicht nach ihrer Meinung gefragt werden). Ihr Plan scheint Erfolg zu haben, da Bilha schließlich zwei Söhne zur Welt bringt, wohingegen Lea nach ihrem vierten Sohn zunächst kein weiteres Kind bekommt. Da Lea aber um keinen Preis auf ihren Vorrang gegenüber Rahel wenigstens in dieser Beziehung verzichten will, greift sie schließlich zu dem gleichen Mittel und setzt ihre Magd Silpa als Ersatzgebärerin ein.

Gott als Anwalt der Benachteiligten

Zunächst schildert die Erzählung keine direkte Auseinandersetzung zwischen den beiden Schwestern Lea und Rahel untereinander. Statt dessen bringen beide die Rivalität zu ihrer Schwester in direkte Beziehung zu Gott. Beide sehen Gott als oberste Instanz, als Richter, der ihnen gegenüber ihrer Rivalin zum Recht verhilft.

Diese Sicht wird auch vom Erzähler geteilt, der Leas Kinderreichtum sowie Rahels Unfruchtbarkeit ausdrücklich als Eingreifen Jahwes hinstellt, zugunsten Leas, der ungewollten und von ihrem Ehemann abgelehnten Ehefrau: „Als Jahwe sah, daß Lea zurückgesetzt wurde, da öffnete er ihren Schoß. Rahel aber war unfruchtbar" (29,31). Da Lea Unrecht geschieht, ergreift Jahwe als Anwalt der Unterdrückten für sie Partei und schenkt ihr Fruchtbarkeit. An der von ihrem Mann geliebten Rahel dagegen handelt er nicht, so daß sie unfruchtbar bleibt. Jahwe gleicht aus, was der Ehemann so ungerecht verteilt!

So schreibt Lea die Geburt ihrer ersten drei Söhne dem Eingreifen Gottes zu, der auf diese Weise ihre Stellung gegenüber der von Jakob bevorzugten Schwester aufwertet. Dies bringt sie auch in den Namen ihrer Kinder zum Ausdruck, mit denen sie ihre Söhne in eine direkte Beziehung zu Gott setzt und zugleich die Hoffnung ausdrückt, daß ihr Mann sie nun endlich lieben werde. So nennt sie ihren ältesten Sohn Ruben: „Der Herr hat mein Elend gesehen. Jetzt wird mein Mann mich lieben", ihren zweiten Sohn Simeon (Hörer): „Der Herr hat gehört, daß ich zurückgesetzt bin, und hat mir auch noch diesen geschenkt"; nach dem dritten Sohn, Levi (Anhang), hofft sie: „Jetzt endlich wird mein Mann an mir hängen, denn ich habe ihm drei Söhne geboren" (Gen 29,32–34). Dies zeigt: sie sieht ihre Söhne als von Gott geschenkte „Verstärkung" im Konkurrenzkampf mit ihrer Schwester.

Lea und Rahel mit ihren Söhnen

Silpa	Lea		Rahel	Bilha
	Ruben Simeon Levi Juda			Dan Naftali
Gad Ascher				
	Issachar Sebulon (Dina)			
			Josef Benjamin	

Rahel kämpft mit Gott

Wie Lea deutet Rahel den schließlich durch ihre Magd Bilha geborenen Sohn als Rechtfertigung durch Gott gegenüber ihrer Schwester, weshalb sie ihm den Namen Dan (Richter) gibt: „Gott hat mir Recht verschafft; er hat auch meine Stimme gehört ..." (Gen 30,5f). Noch deutlicher zeigt sich ihre Einstellung im Namen „ihres" zweiten Sohnes Naftali (Kämpfer), den sie begründet: „Gotteskämpfe habe ich ausgestanden mit meiner Schwester, und ich habe mich durchgesetzt" (Gen 30,8).

Dies zeigt, daß Rahel ihre (nach unseren Vorstellungen) profane Auseinandersetzung mit ihrer Schwester als Kampf mit Gott ansieht. Den von ihrer Magd für sie geborenen ersten Sohn sieht sie als Zeichen, daß Gott nun auch auf ihre Stimme hört; mit dem zweiten fühlt sie sich als Siegerin im Ringen um Gottes Zuwendung, der bisher ausschließlich auf der Seite ihrer Schwester gestanden hatte. Wie Lea um die Liebe ihres Mannes kämpft, so streitet Rahel mit Gott, damit er auch ihr Fruchtbarkeit schenkt. Während Lea mit dem Namen ihrer ersten drei Söhne ihre für sie zentrale Beziehung zu Jakob ausdrückt, setzt Rahel ihre Söhne zu sich selbst sowie zu ihrer Schwester in Beziehung. Die Kampfnamen, die sie ihnen gibt, bringen zum Ausdruck, wie sehr die Zurückstellung hinter ihrer kinderreichen Schwester sie belastet; sie zeigen, daß Rahel trotz der ungeteilten Liebe Jakobs nicht zufrieden ist, auch die beiden von Bilha geborenen Söhne können daran nur vorübergehend etwas ändern. Der Wunsch nach dem eigenen Sohn bleibt ungebrochen.

Dagegen gibt Lea den von ihrer Magd Silpa geborenen Söhnen nun reine Glücksnamen, die sich auf ihr Ansehen als kinderreiche Mutter beziehen (Gen 30,10–12). Dies läßt darauf schließen, daß sich bei ihr ein Wandel vollzogen hat, daß sie sich schließlich mit der Bevorzugung Rahels durch Jakob abgefunden hat, wozu deren Verhalten wesentlich beiträgt. Denn gerade an der Eifersucht ihrer von Jakob geliebten Schwester kann sie erkennen, daß Jahwe ihr – als Ersatz für die fehlende Liebe ihres Mannes – einen (auf andere Weise) erfüllenderen Anteil am Lebensglück gegeben hat.

Bezeichnend ist, daß beide Schwestern ihre Konflikte nicht untereinander zur Sprache bringen, sondern jede an Gott appelliert, ihr gegenüber der vermeintlich zu Unrecht bevorzugten Rivalin zum Recht zu verhelfen.

Der Konflikt wird ausgesprochen

Nachdem sich der Konflikt bisher ausschließlich im Inneren der beiden Frauen abgespielt hat, kommt es schließlich doch zu einer offenen Auseinandersetzung zwischen ihnen, die zum Ausdruck bringt, wie sehr ihre Beziehung von Rivalität bestimmt ist. Als Ruben, der älteste Sohn Leas, dieser Alraunen bringt, die er auf dem Feld gefunden hat, wendet Rahel sich an ihre Schwester mit der Bitte, ihr welche davon zu geben. Sie hofft, durch diese Pflanzen, denen im Alten Orient eine die Liebeskraft stärkende Wirkung zugeschrieben wurde, endlich Fruchtbarkeit zu erlangen und selbst Söhne zu gebären.

Die Antwort Leas bringt ihre Verbitterung gegenüber ihrer Schwester zum Ausdruck und auch wie sehr sie unter deren Bevorzugung durch Jakob leidet: „Ist es noch zu wenig, daß du mir meinen Mann genommen hast? Mußt du auch noch die Alraunen meines Sohnes nehmen?" Dieser Vorwurf, der ihre Schwester der Habgier auf allen Linien bezichtigt, zeigt ihre Haltung gegenüber ihrer Schwester, die bestimmt ist durch das Gefühl: Sie nimmt mir weg, was mir zentral und wichtig ist. Erst hat Rahel ihr den gemeinsamen Ehemann „weggenommen", nun will sie auch noch die Alraunen *ihres* Sohnes; sie denkt gar nicht daran, ihr diese auch noch zu geben. Leas Antwort läßt zugleich vermuten, daß sie deshalb keine weiteren Söhne mehr geboren hat (Gen 29,35; 30,9), weil Jakob nachts nicht mehr zu ihr, sondern ausschließlich zu Rahel gegangen ist. In diesen Alraunen sieht sie nun die Möglichkeit zum „Liebeszauber", um Jakob endlich an sich zu binden.

„Zu mir mußt du kommen"

Um die Alraunen zu erhalten, bietet Rahel, die sich der Liebe ihres Mannes sicher ist, Lea an, ihr Jakob für eine Nacht zu überlassen; sie setzt somit seine Sexualität als „Kaufpreis" ein (30,15). Diese Szene illustriert die Rivalitäten der beiden Frauen um den gemeinsamen Ehemann: Die beiden Schwestern handeln aus, zu welcher von ihr der Mann in der Nacht gehen soll. Dabei bestimmt Rahel über die Sexualität ihres Mannes, Jakob selbst wird gar nicht gefragt; Rahel benutzt ihn als Mittel, um über die Alraunen endlich ihr sehnlichstes Ziel, den eigenen Sohn, zu erreichen. Ihre Rechnung geht jedoch nicht auf.

Lea, die sich für die Alraunen von ihrer Schwester und Rivalin das „erkauft" hat, worauf sie nicht mehr zählen konnte, das Zusammensein mit ihrem Mann, zieht ihm abends wie im Triumph entgegen, um die Nacht mit ihm einzufordern: „Zu mir mußt du kommen!" (30,16). Und wiederum erhört Jahwe Lea, so daß sie nochmals schwanger wird und zwei weitere Söhne sowie eine Tochter gebiert (30,17–21). Auch diese Söhne führt sie auf Gott zurück, sie deutet sie als Lohn bzw. als Geschenk Gottes.

Gott erhört Rahel

Die Gewichte zwischen den beiden Schwestern haben sich nun deutlich zugunsten Leas verschoben. Rahel muß mitansehen, wie ihre Schwester, die von Jakob nun nicht mehr gemieden wird, noch mehr Kinder gebiert, wogegen sie selbst immer noch keinen eigenen Sohn hat, was auch die Liebe ihres Mannes nicht aufwiegen kann. Auch die Alraunen, d.h. der Versuch, ihre Fruchtbarkeit zu erzwingen, haben nichts genützt.

Doch nun endlich schaltet sich Gott zu ihren Gunsten ein und schenkt auch ihr Fruchtbarkeit; sie wird schwanger und bekommt einen Sohn. Welche zentrale Bedeutung dies für Rahel hat, zeigt der Name, den sie ihrem Sohn gibt: Josef – „Gott hat zurückgezogen (asaf) meine Schmach!" Gott, dem sie ihre bisherige Kinderlosigkeit zuschrieb, hat nun endlich die Schmach der Unfruchtbarkeit von ihr genommen. Zugleich drückt sein Name die Hoffnung aus, Gott möge ihr noch einen weiteren Sohn „hinzufügen" (josef). Rahel, die so sehr unter ihrer Kinderlosigkeit litt, daß sie meinte, sterben zu müssen, ist nun mit *einem* eigenen Sohn nicht zufrieden, sondern appelliert an Gott, ihr noch einen weiteren Sohn zu schenken. Als dieser Wunsch schließlich in Erfüllung geht, stirbt sie bei der Geburt dieses Sohnes, Benjamin (Gen 35,16–18). Welche Auswirkungen die Geburt Josefs auf die Beziehung der beiden Schwestern zueinander hat, wird nicht geschildert.

LITERATUR

K. Engelken, Frauen im Alten Israel, Stuttgart u.a. 1990.
I. Fischer, Die Erzeltern Israels, Berlin – New York 1994.
I. Fischer, Gottesstreiterinnen. Biblische Erzählungen über die Anfänge Israels, Stuttgart 1995.
A. Meissner (Hrsg.), Und sie tanzen aus der Reihe, Stuttgart 1992.

Bibelarbeit (Gen 30,14–24)

1. Auf den Bibeltext zugehen

▷ Schreibgespräch
In der Mitte eines Plakates steht „Frauenrivalität". Die Teilnehmerinnen schreiben darum herum ihre Gefühle, Gedanken, Assoziationen.

Anschließend folgt ein Gespräch in der Gruppe: Wo findet sich bei uns Rivalität zwischen Frauen? Wie äußert sich diese in der Regel? Habe ich selbst so etwas schon einmal erlebt?

2. Den Bibeltext begreifen

▷ Szenisches Lesen des Textes
Um die in der Erzählung enthaltenen Beziehungen zwischen den beteiligten Personen sichtbar und damit nachvollziehbar zu machen, bietet es sich an, den Text szenisch zu lesen; d.h. die Teilnehmerinnen lesen den Text mit verteilten Rollen und drücken dabei zugleich alle nachvollziehbaren Bewegungen des Textes (räumliche Bewegungen wie Gefühle der Personen) in Gesten und Bewegung bzw. Körperhaltung aus. Die Teilnehmerinnen, die keine Rolle haben, hören und sehen genau hin, wie sich das Textgeschehen vollzieht.

Danach folgt eine Austauschrunde über die wahrgenommenen Beziehungen und Bewegungen des Textes: Was ist mir durch die Darstellung aufgefallen? Welche Bewegungen haben wir wahrgenommen?

Welche Beziehung zwischen den beiden Frauen wird sichtbar? Wie ist das Gewicht zwischen den beiden Polen verteilt?

Die Teilnehmerinnen äußern ihre spontanen Eindrücke und Gefühle sowie ihre Anfragen an den Text (Was irritiert, befremdet mich?)

Es empfiehlt sich, dabei mit der Beobachtergruppe zu beginnen, weil diese aus der Distanz besser sehen kann, wohin sich der Text bewegt. In einem zweiten Schritt werden die Teilnehmerinnen, die die verschiedenen Rollen verkörpert haben, gefragt, was sie in ihrer Rolle empfunden haben. (Als Betroffene sehen sie die Gesamtbewegung des Textes weniger gut, können aber die Gefühle der beteiligten Personen besser nach vollziehen.)

▷ Arbeit am Text
Die Teilnehmerinnen bilden zwei (bzw. drei) Gruppen, die die Passage jeweils aus einer anderen Sicht untersuchen: aus der Sicht Leas bzw. aus der Sicht Rahels (evtl. aus der Sicht Jakobs).

Impulsfragen:
– Wie geht es Lea/Rahel mit ihrer Situation?
– Wie ist ihre Beziehung zu ihrer Schwester?
– Wie trägt sie den Konflikt aus?
– Wie verhält sich Jakob?
– Welche Rolle spielt Gott?

▨ 3. Mit dem Bibeltext weitergehen

▷ Die Teilnehmerinnen versetzen sich in Lea oder Rahel hinein und formulieren ihr persönlicher Fazit als Mitteilung an Rahel bzw. Lea: Ich als Lea möchte dir, Rahel, noch sagen ... (und umgekehrt).

▷ Abschluß: Die Teilnehmerinnen, fassen ihre neuen Erkenntnisse in einem Schlußsatz zusammen: mir ist heute wichtig geworden ... .

FRAU GEGEN MANN

Eleonore Reuter

„Womit kann man dich fesseln?"

Bibelarbeit zu Delila und Simson (Ri 16,4–31)

Suchen Sie eine filmreife Liebesgeschichte mit einer fesselnden Geliebten und einem Helden, der in Wort und Tat schlagfertig ist, mit ironischem Augenzwinkern erzählt und ohne kitschiges Happy-End? Dann könnte es sein, daß Sie im Buch der Richter fündig werden. Dort stehen in den Kapiteln 13–16 die Abenteuer Simsons. Eines dieser Abenteuer ist die Geschichte von Simson und Delila. Sie wurde in Musik (z.b. von Händel und Saint-Saëns) und Malerei (z.b. Rembrandt, Rubens, van Dijk) häufig verarbeitet. Der Akzent liegt meist darauf, Simson als den tragischen Helden und Delila als verführerische Verräterin darzustellen.

Diese Lesart stellt die Simsonlegende in eine Reihe mit Sagen und Märchen bis hin zu modernen Kinofilmen, in denen der starke Held durch eine verführerische Frau zu Fall gebracht wird. Dabei werden dann List gegen Stärke, Intrige gegen Körperkraft, Reden gegen stummes Handeln ausgespielt. Werden diese Klischees dann noch mit einer Wertung verbunden, ist die „weibliche" Weise, ein Ziel zu erreichen, die „schlechte", während dem männlichen „Helden" alles Mitgefühl gilt.

Simson im Buch der Richter

Simson nimmt in der Reihe der Richter eine besondere Rolle ein. Simson ist der vorletzte der *Richter*. Sein Name könnte aus dem Babylonischen abgeleitet sein und „Sonnensohn" bedeuten. Die Alternative ist eine Herleitung aus dem Hebräischen, die mit „aktiv", „erfahren" zu übersetzen wäre. Sein hervorragendstes Merkmal ist seine körperliche Kraft, die innerbiblisch nur noch mit Goliat zu vergleichen ist. Einige Züge der Erzählung erinnern auch an Herkules.

Die „**Richter**" waren charismatische Führer in der Zeit vor der Einführung des Königtums in Israel, von deren außergewöhnlichen militärischen Erfolgen man in anek-
tenhaften Erzählungen berichtete. Die von Jahwe erwählten Gestalten tragen in der
Regel keinen Titel und werden nicht in einer gemeinsamen Bezeichnung zusammen-
gefaßt. An zwei Stellen werden sie „Retter" genannt (Ri 3,9.15). Und um Rettung vor
den Feinden geht es immer bei ihnen. Ihre Fähigkeiten begründete man mit dem Wirken des „Geistes Gottes". Wir haben es hier mit Heldensagen zu tun, die keine Rück-
schlüsse auf historische Fakten erlauben. Durch die Notiz Ri 13,1 (Israel wird vierzig
Jahre von den Philistern unterdrückt, weil es tut, was Gott mißfällt) werden die Anek-
doten über Simson in ein Schema eingepaßt, mit dem das ganze Richterbuch ge-
gliedert ist:
– Die Israeliten tun, was dem Herrn mißfällt
– Der Herr liefert sie der Gewalt der Feinde aus
– Die Israeliten schreien zum Herrn
– Der Herr läßt einen Retter erstehen
– Der Herr demütigt die Feinde Israels
– Das Land hat dann ... Jahre lang Ruhe

Der Abschnitt von Simson und Delila (*Ri 16,4–31*) muß im Zusammenhang mit den anderen Anekdoten über Simson gelesen werden.
Sieht man einmal von der Geburtserzählung ab, haben sie alle kriege-
rische Auseinandersetzungen mit den Philistern und zugleich die Beziehung Simsons zu philistäischen Frauen zum Thema. Auffällig ist,
daß es ihn immer wieder zu den Frauen des politischen Gegners hin-
zieht! Das, was also auf der einen Seite bekämpft wird, ist auf der anderen Seite besonders attraktiv. Keine von diesen Beziehungen kann
jedoch als eine gelungene, glückliche Beziehung gelten.

Die **Philister** sind in vor- und frühstaatlicher Zeit die gefährlichsten Gegner Israels.
Sie gehören zu den Seevölkern (kretischen, sizilianischen und sardischen Auswan-
derern), die im 12. Jh. v. Chr. in den Küstenregionen Palästinas siedeln. (Der Name
„Palästina" leitet sich von den Philistern ab.) Aus Ägypten verdrängt, konkurrierten
sie mit den Israeliten um Lebensmöglichkeiten in Palästina. Noch in diesem Namen
spiegelt sich ihre Bedeutung. Ihre Macht ergab sich vor allem daraus, daß sie über
ein Monopol bei der Eisenverarbeitung verfügten (1 Sam 13,19). Sie waren deshalb
den Israeliten in der Waffenherstellung überlegen (vgl. Ri 13,1; 15,11). Letztlich führt
die Auseinandersetzung mit den Philistern zur Einführung des Königtums in Israel. In
der Folge wurden die Philister in das Gebiet der südlichen Mittelmeerküste zurück-
gedrängt.

Die erste Erzählung *(Ri 14,1–15,8)* handelt von einer Besuchsehe zwischen Simson und einer Frau in Timna, deren Name nicht erwähnt
wird. Manche (außerbiblische) Texte belegen für die damalige Zeit den

Brauch, daß die Frau auch nach ihrer Hochzeit bei ihren Eltern wohnen bleibt. Der Ehemann darf sie dort „besuchen". Die Sage erzählt, daß Simson beim Hochzeitsfest den Gästen ein Rätsel stellt. Diese können die Lösung nur sagen, weil die Frau Simson solange zusetzt, bis er sie ihr verrät. Damit wird ein Konflikt ausgelöst, der zur Vernichtung der Ernte der Philister durch Simson und zur Ermordung der Frau samt ihrer Familie durch die Philister führt.

Die zweite Episode *(Ri 16,1–3)* berichtet davon, daß Simson bei einer Prostituierten in Gaza ist. Als die Philister ihm auflauern wollen um ihn zu töten, entgeht er ihnen durch Einsatz seiner übermenschlichen Kraft.

Simson und Delila

Die Erzählung *(Ri 16,4–31)* beginnt damit, daß Simson sich im Tal Sorek (in Ost-West-Richtung gelegen, etwa in der Mitte zwischen Aschdod und Jerusalem) in Delila verliebt. Er fühlt sich stärker zu ihr hingezogen als zu den anderen Frauen. Das Tal des Sorek, in dem sich z.B. der Ort Bet-Schemesch befindet, hatte wirtschaftliche und militärische Bedeutung. Die Führer der Philister wittern hier ihre Chance und beauftragen Delila herauszufinden, weshalb Simson so stark ist, um ihn überwältigen zu können. Als Belohnung für ihre Agententätigkeit stellen sie ihr eine märchenhaft hohe Geldsumme in Aussicht. Über die Motive Delilas, die dazu führen, diese Aufgabe für ihre Landsleute zu übernehmen, erfahren wir ebensowenig wie darüber, wie sie ihre Beziehung zu Simson verstand.

Das Interesse der biblischen Erzähler ist ausschließlich auf Simson ausgerichtet. Über Delila kann man nur phantasieren: Da weder Vater noch Ehemann erwähnt werden, muß sie eine selbständige, unabhängige Frau gewesen sein. Das zeigt sich auch darin, wie die Philisterfürsten selbst bei ihr vorstellig werden. Ihre Gefühle werden nicht einmal erwähnt. War es auch für sie eine tragische Beziehung, bei der am Ende die Verpflichtung gegenüber ihrem Volk über die Liebe zu Simson gesiegt hat? Oder war sie von Anfang an gefühlsmäßig unbeteiligt, so daß sie wie eine geschickte Agentin handeln konnte? Auch die finanzielle Seite darf nicht übersehen werden.

Das Vorgehen Delilas wird dramaturgisch sehr geschickt dargestellt. Auf Schritte, die vorwärts führen, folgen solche, die rückwärts gehen. In insgesamt drei vergeblichen Versuchen, Simson das Geheimnis seiner Stärke zu entlocken, wird die Spannung gesteigert. Im Hintergrund agieren die Auftraggeber, die das Material besorgen und auf ihre Chance, Simson zu überwältigen, warten. Simson erscheint hier nicht nur wie der starke Held, sondern auch wie ein Kind, das Freude am Spiel hat. Zugleich ist das Thema dieses Spiels Bindung und Liebe. Es ist das Spiel von Weglaufen und Sich-wieder-einfangen-lassen, das Verliebte bis heute spielen.

Womit kann ich dich an mich binden?

Die wiederkehrende Frage Delilas lautet: „Womit kann man dich fesseln?" Womit kann ich dich binden, an mich binden? Diese Frage ist durchaus doppeldeutig und eine Frage, die in Beziehungen zwischen Mann und Frau immer wieder gestellt wird. Einerseits ist ein Mensch, der mich fesselt, sehr attraktiv für mich. Andererseits ist Bindungsangst offenbar nicht erst ein Thema unserer Zeit. In der Simsonsage ist das Thema „Bindung" verbunden mit dem Frage nach der Stärke: Zu werden wie jeder andere Mensch, heißt für Simson auch, schwach zu sein.

Jedesmal geht Delila so vor, daß sie Simson fragt, womit sie ihn binden kann. Dieser nennt ihr scherzhaft Stricke, dann frischen Bast, zuletzt die Pflöcke des Webstuhles. Dann läßt sie sich das Material bringen und fesselt den schlafenden Helden. Mit dem Ruf „Philister über dir" weckt sie Simson und spornt ihn zu höchster Kraftentfaltung an, um herauszufinden, ob das Mittel tauglich ist. Doch jede dieser Fesseln schüttelt Simson ab wie Spielzeug. Auf der Ebene von Gegenständen ist also kein Zugang zu Simsons Geheimnis zu finden. Es muß völlig anders sein.

Die nächste Szene ist der Höhepunkt der Erzählung: Delila stellt seine Liebe zu ihr in Frage. Sie wirft ihm vor, daß sein Herz ihr nicht gehört. Herz hat im Hebräischen eine andere Bedeutung als im Deutschen. Es bezieht sich nicht vor allem auf Gefühle, sondern ist der Ort des Verstandes, der Erinnerung und der geheimsten Überlegungen. Delila meint also nicht, daß er sie zu wenig liebt, sondern daß er sie nicht in seine Geheimnisse einweiht. Aber selbst dieser Appell führt nicht sofort ans Ziel. Sie muß ihn überreden. Unaufhörlich belagert sie ihn mit ihren Worten. Sie bedrängt ihn, bis er klein beigibt. Wörtlich steht im Hebräischen: „... bis seine Lebenskraft zum Sterben schwach wurde." (V.16) Die Wirkung dieser Zermürbungstaktik ist klar. Simson erzählt ihr sein Geheimnis.

In der altorientalischen Mythologie ist der sechslockige Held bekannt, der zum Schutz der Herden wilde Tiere bezwingt. Das Bild will'ausdrücken, daß der Held die kulturelle Ordnung vor dem Eindringen des Chaos schützt. Das Haar ist ein Zeichen seiner Kraft. Mit Haar ist im Alten Testament wie im ganzen Alten Orient sprossende Kraft, ungezügelte Vitalität und erotische Attraktivität (vgl. Hld 4,1; 7,6) verbunden. Das Scheren der Haare als Symbol der Entkräftung hatte seinen Platz im Trauerritus. Wenn schon Haar überhaupt diesen Stellenwert hat, um wieviel mehr dann das unberührte, „jungfräuliche" Haar Simsons!

Nachträglich wurde in der Legende das Motiv von Simson als Gottgeweihten, das in der Geburtserzählung eine Rolle spielt, mit dem Motiv des sechslockigen Helden verbunden, aus dem hier allerdings ein siebenlockiger Held wird. Den *Nasiräer* als „Geweihter Gottes" zeichnet nicht nur aus, daß er die Haare nicht schneidet, er verzichtet darüber hinaus auf Alkohol und darf keine Leiche berühren (vgl. Num 6,2–7).

Schon bevor die Haare abgeschnitten sind, ist sicher, daß diesmal der Held „wie jeder andere Mensch" geworden ist. Seine Kraft ist gebunden, begrenzt. Schrittweise wird nun in den Versen 18ff entwickelt, wie Simson seine Potenz verliert. Dabei wird einerseits eine neue Deutung der Kraft Simsons eingeführt: Die Schwäche wird als Verlassen-Sein von Gott interpretiert. Andererseits wird die naiv-vertrauensselige Seite Simsons unterstrichen.

Delila hat damit ihre Funktion erfüllt und verschwindet im folgenden von der Bühne. Auch damit wird wieder die Ausrichtung auf den Mann in dieser Erzählung deutlich. Aber anders als viele spätere Ausleger wertet der biblische Text nicht. Sie erfüllt in dem Konflikt zwischen Philistern und Israeliten ihre Rolle. Wie oft werden auf diese Weise bis heute Menschen und vor allem Frauen gebraucht und so gleichzeitig mißbraucht.

Simson wird geblendet, gefesselt und zu Sklavenarbeit (vgl. Ex 11,5; Ijob 31,10; Klgl 5,13) gezwungen. Dennoch ist ihm ein letzter Akt der Rache möglich. Das Haar kann wieder wachsen und so wächst auch seine Kraft wieder.

Bei einem Siegesfest zu Ehren des Nationalgottes soll er zur Belustigung vorgeführt werden. In dieser Situation der Demütigung und Machtlosigkeit kann nur Gott ihm noch helfen. Als Entrechteter betet er zu Gott um die Wiederherstellung der gebrochenen Rechtsordnung. Nicht Rache ist das richtige Wort, um die Bitte zu kennzeichnen, sondern eher Rechtfertigung oder Wiedergutmachung. Im Unterschied zu einem verharmlosenden Reden vom „lieben" Gott stellt uns damit der Text einen Gott vor Augen, der Unrecht nicht ignoriert, sondern Partei ergreift für die Schwachen, die Macht- und Rechtlosen. So bringt Simson mit Hilfe seiner wiedererlangten Kraft das Haus, in dem der vollbesetzte Festsaal sich befindet, zum Einsturz und findet zusammen mit seinen Gegnern den Tod.

Auswertung

Für die Bibelarbeit mit Frauen sind mir zwei Gedanken wichtig:
▷ Die Simson-Erzählung ist die traurige Geschichte einer unerwiderten Liebe, die zum Verhängnis wird. Der Held dieser Erzählung ist nicht gerade nachahmenswert, sondern eine tragisch-komische Gestalt. Erst, als er die Stärke, die ihn zum biblischen „Supermann" machte, zugunsten der Liebe aufgibt, erfüllt er seinen Auftrag, Israel aus der Gewalt der Philister zu befreien (Ri 13,5). Sympathisch menschlich wird er da, wo er sich anvertrauen kann, sich auf Bindung einlassen kann. Die Tragik liegt darin, daß ihn und viele andere gerade das das Leben kostet. Indem Simson an seiner Liebe zu Delila festhält, hört er auf, der patriarchalische Held zu sein.
▷ In der Literatur finden sich viele Spekulationen über Delila verbunden mit einer negativen Bewertung. Charakteristisch ist die folgende: „So zeigen uns die Simson-Geschichten das klägliche Unterliegen des Simsons in dem Kampf zwischen Eros und Charisma." (G. von Rad) Liebe wird hier unterschieden in Charisma und Eros. Das Charisma wird verkörpert vom geistbegabten Mann. Sie ist die wahre Liebe. Dagegen ist der Eros, der Sinnlichkeit, körperliche Leidenschaft und Sexualität umfaßt, von der Frau verkörpert. Er ist hier zwar überlegen, in Wirklichkeit aber moralisch unterlegen. Der Ausgang des Kampfes ist nach diesem Verständnis beklagenswert. Genau diese Sicht kennt der Text nicht! Simson wird (nicht abwertend!) gerade als sexuell aktiver Mann geschildert. Nicht um Charisma und Eros geht es dem Text, sondern um den Geschlechterkampf, die Waffen von Frauen und Männern, um Schwäche und Stärke.

1. Auf den Bibeltext zugehen

▷ Falls die Geschichte von Simson und Delila bekannt ist, erzählen die Teilnehmerinnen aus dem Gedächtnis, was sie von Simson und Delila wissen. Evtl. kann dazu ein Bild mit diesem Motiv in der Mitte liegen oder als Dia projiziert werden. Die Teilnehmerinnen betrachten das Bild unter den folgenden Aspekten Schritt für Schritt:
– Was sehe ich?
– Was spüre ich?
– Was frage ich mich?
▷ Dann werden auf zwei Plakaten in die Umrisse einer Frau bzw. eines Mannes jeweils die Charakterzüge Simsons und die Delilas aufgeschrieben. Dabei können die Klischees, die wirksam werden, deutlich in den Blick kommen.

Aulnay, romanische Kirche von XIIème, Kapitell einer Säule am nordöstlichen Querschiff, „Delila schneidet Simson eine Locke ab"

2. Den Bibeltext begreifen

▷ Die Leiterin erzählt die ganze Geschichte Simsons, damit der Zusammenhang mit den vorangegangenen Beziehungen Simsons zu Frauen verständlich wird.

▷ Dann wird Ri 16,4–31 vorgelesen. Anschließend erhalten alle ein Arbeitsblatt mit dem Text.

▷ In Einzelarbeit notieren sie sich unverständliche Züge der Erzählung.
Sie unterstreichen die Stellen, an denen von Delilas Handeln die Rede ist. Wie bewertet der Text Delila? An welchen Stellen ist von Stärke, wo von Schwäche die Rede?

▷ Die Ergebnisse dieser Arbeit werden in der Gruppe besprochen.

3. Mit dem Bibeltext weitergehen

▷ Im Blick auf das Plakat mit den Umrissen vom Anfang können jetzt, nach der eingehenden Beschäftigung mit dem Text, die Eigenschaften ergänzt bzw. korrigiert werden.

▷ Der Text „Nur zu lesen mit dem richtigen Ton" über Delila von Stefanie Spendel kann – von mehreren Frauen vorgelesen – Anregung für ein vertiefendes Gespräch zu den Ergebnissen der Textarbeit sein.

NUR ZU LESEN MIT DEM RICHTIGEN TON
Richter 16,4–20

Delila, Simson sieben Locken abschneidend. Simson schläft.

Delila sprach:
„Simson, du Luftgespinst, Ausbund von Männerphantasien. Größer, stärker, potenter, klüger, unsterblich will jeder von euch sein. Draufgänger, Kraftmeier, Weiberheld, Muskelpaket, millionenfach vergrößert durch Waffen und Wissen, Munition und Wirtschaftsmacht, Zerstörungswut. Simson, du bist ein solcher Idiot."
Die erste Locke fällt.

Delila sprach:
„Du hast meine Leute gemordet, entehrt, zerfetzt und giltst doch als ehrbar, hochangesehen, ein Mann in Israel; Philisterfrauen geschändet, keine geschont, vergewal-

---

tigt, auch die Mädchen, gebrandschatzt und aufgespießt, Kinderschädel gegen die Wand gekracht, Säuglinge ins Feuer geworfen, niemanden geachtet, Mörder bist du."
Die zweite Locke fällt.

Delila sprach:
„Richter, Schwachkopf, verliebst dich in Feindesfrau, ahnst nicht das Unheil, weißt nicht, daß mein Herz brennt für mein Volk – und nur ein bißchen vielleicht auch für dich. Wirst zugrunde gehen, Simson, Rache ist jeder Schnitt."
Die dritte Locke fällt.

Delila sprach:
„Ach, Simson, Kind, warum warst du so blind? Betest mich an und verhöhnst mich zugleich. Führst mich mit deinem Flirten hinters Licht, treibst mutwillig dein Spiel mit mir. Wie konntest du mir dein Geheimnis verraten, statt mir zu vertrauen, daß ich es dir schütze, wenn du's nur für dich behältst? Ich konnte nicht wachsen an dir und deinem Leben. Jetzt stirbst du dafür."
Die vierte Locke fällt.

Delila sprach:
„Ich werde mich retten, dir nicht mehr gehören. Aus ist's , passé; Delila, die deine, bin ich nicht mehr. Delila, für mich, die Neue, für mein Volk, für Leben, für Freiheit werde ich sein, Delila – allein."
Die fünfte Locke fällt.

Delila sprach:
„Sie werden dich blenden, blind wirst du bleiben. Kein Gefühl, das dich warnt, keine Intuition, die dich schützt. Dein Panzer aus Kraft, was nützt er dir jetzt? Papiere, weiße Kittel, Ingenieurbüro, Professorengehalt – alles aus Wind. Ein Held bist du nicht, gefangener Tölpel. Kriegslist, deine eigene, wendet sich jetzt gegen dich."
Die sechste Locke fällt.

Delila sprach:
„Noch wenn du stirbst, willst du mächtig sein, in den Tod mit dir reißen, was immer nur geht. Wer die Liebe nicht kennt, ist tödliche Waffe gegen sich selbst wie gegen alles, was lebt, du und ich. Simson, Gottes Erwählung verdirbt, wenn sie in zerquetschende Gedanken und Herzen fällt, statt in Menschen, die Sprünge haben wie Gefäße aus Glas, zerbrechlich, vergänglich, geschaffen aus Tränen, Sehnsucht und Scham. Keine Schwäche, keine Zweifel, kein Riß in der Abwehr – nur ein bißchen Geschwätzigkeit, wie dumm von dir. Komm, Simson, schlaf weiter, mein Lieber, gleich ist es vorbei!"
Die siebte Locke fällt.

Und Delila betete:

Vor mir ein Berg aus Schuld, Gott, ich werde Simson verraten.
Hinter mir ein Trümmerfeld, Gott,
die Liebe ist tot.
Rette mich, Gott, aus meiner Verzweiflung.

> Über mir das Leben, Gott,
> ich bringe Befreiung.
> Hinter mir das Leben, Gott,
> das aus dir kam.
> Rufe mich, Gott, trotz meiner Verzweiflung.
>
> Vor mir nur Zukunft, Gott,
> ich werde bestehen.
> Hinter mir Untergang,
> der überwunden ist.
> Laß mich nicht, Gott,
> ohne Verzweiflung.
>
> Simson erwacht.
>
> (Aus: *Benedikta Hintersberger, Stefanie Spendel*. Reiß mich in deine Zukunft. Mit Frauen Bibel beten., Don Bosco Verlag, München 1998)

▷ Die Teilnehmerinnen überlegen, wie sie eigene Stärken im Streit mit dem Partner einsetzen, wo das für die Beziehung hilfreich ist und wo sie erlebt haben, daß diese Strategien ins Verhängnis führen.

▷ Zum Abschluß kann ein Ausschnitt aus der Vertonung von Händel oder Saint-Saëns gehört werden.

Händel-Vertonung z.B. bei Teldec unter Leitung von Harnoncourt (92) oder bei Collins, Leitung: Christophers (96)
Saint-Saëns-Vertonung: Deutsche Grammophon, mit P. Domingo, unter Leitung von Barenboim (78) oder Philips, Bayerisches Symphonieorchester unter Leitung von Davis.

Ida Lamp

Nicht nur Ja und Amen

Eine Spurensuche in der Bibel

Es gibt wohl kaum ein Menschenleben, das keine Erfahrungen von Schmerz, Enttäuschung, Ohnmacht, Leid kennt. Und immer haben fromme Menschen sich auch mit solchen Erfahrungen in den Schatten Gottes begeben.

Frauen (und Männern) wurde jedoch im christlichen Milieu nahegebracht, daß „alles, was Gott tut, wohl getan" sei. Sie sollten nur stillhalten. Da gab es über Jahrhunderte (von vielen) keine Widerrede mehr. Wurden etwa die, die solches Sich-Beugen verordneten, in Frage gestellt? Hat jemand noch geklagt vor Gott, gar Gott selbst des Unrechts angeklagt? Aufstand gegen Gott selbst – und sei's im Namen Gottes? *Nichts da*, das durfte nicht sein!

Nein, Menschen sollten sich in Demut üben, schließlich Leiden als Gottes Wille und Weg für sie ertragen. Und sie haben sich, je nachdem an welcher Stelle der sozialen Leiter und religiöser Reflexion sie standen, gebeugt.

Frauen wurde auferlegt, Opfer zu bringen und Sühne zu leisten. Sie sollten Sinn in Deutungen ihres Elends als Stellvertretung und Hingabe suchen. Und sie haben das – oft fraglos – so übernommen.

Mit Gott streiten?

Können Sie sich biblische Frauen vorstellen, die aufgrund ihrer Erfahrungen mit Gott in Auseinandersetzung treten? Frauen, die rufen: „Ausgelöscht sei der Tag, an dem ich geboren wurde. Warum bin ich nicht bei meiner Geburt gestorben? Dann hätte ich Ruhe. Statt dessen kommt immer neues Elend über mich." (so ruft Ijob!)

Wir hören wohl in der Bibel keine Frau, die über ihre Vergewaltigung klagt. Wir vernehmen keine Frau, die ihre Kinderlosigkeit zum Anlaß nimmt, Gott vorzuwerfen, daß er ungerecht ist, wenn sie nur mit Söhnen überleben, einen Platz in der Gesellschaft finden, wirtschaftliches Auskommen erlangen kann.

30

Wir vernehmen keine weibliche Stimme, die zu Gott ruft um Gerechtigkeit, die die Auswirkungen von Kriegen und Verschleppungen vor Gott beschreibt, die ihre soziale und wirtschaftliche Situation Gott als unzumutbar vorhält.

Da und dort klingt verhalten Widerstand gegen Gott an: Noomi beispielsweise, die Hungersnot erleidet und in fremdes Land auswandern muß, die dann auch noch ihren Mann und die beiden Söhne verliert, und schließlich mittellos als Witwe, zu alt, um noch einmal zu heiraten, nach Betlehem, ihren Heimatort zurückkehrt, um dort zu sterben. Sie sagt den Frauen: Nennt mich nicht „Liebliche", sondern „Bittere". Indirekt klagt sie damit über Gott, der sie verbittern ließ, der ihr so Bitteres zumutet. Aber sie spricht ausdrücklich allein zu ihrer Schwiegertochter Rut: Ihr klagt sie, daß die Hand des Herrn gegen sie sei. Gott selbst wird von ihr nicht angeklagt. Nicht ein Sterbenswörtchen zu ihm, der doch, wie sie sagt, die Ursache von allem ist. Vielleicht ist das positiv zu wenden; vielleicht sagt sie in ihrem Inneren: „Gott, wie du mich auch schüttelst, du schüttelst mich nicht ab. Ich halte fest an dir." Wie gut wäre es aber, das aus ihrem Mund, mit der Stimme einer Frau, auch zu hören!

Wo und wie sollen wir Frauen lernen, mit Gott zu rechten, seine Verheißungen einzufordern, zwischen Widerstand und Ergebung Gott zu bewegen – wenn uns die Vorbilder fehlen? Was verändert sich, wenn uns Frauen bewußt wird, daß es nur Männer sind, die mit Gott verhandeln, ihn anklagen, ihm Widerstand leisten – und so leben lernen? Immerhin ist es Abraham, der mit Gott verhandelt und sagt: „Willst du Gerechte zusammen mit Ungerechten umbringen?" (Gen 18, 23) Es ist Lot, der versucht, etwas rauszuschlagen bei Gott: „Ach nein, Herr!" (Gen 19,18ff) Es ist Jakob, der Gott den Namen abzuringen versucht (siehe Gen 32). Da gibt es Ijob, da sprechen die Psalmen: Warum? Warum?

Gewiß, hier und da sind allgemein menschliche Themen angeschnitten. Die Sprache ist so allgemein gehalten, daß auch Frauen sich mit geschlechtsspezifischen Themen wiederfinden können. (Manche meinen sogar, an der ein oder anderen Stelle der Psalmen Frauenstimmen zu hören. Aber solche Untersuchungen sind recht schwierig und im Moment eher noch im Anfangsstadium.)

Begegnen Frauen, denen Unrecht widerfährt, auch da und dort als Kämpferinnen für ihr Recht (man denke etwa an Tamar und Juda, Gen 38), als streitbare Frauen (wofür Sie in diesem Band von FrauenBibel-Arbeit ja einige Beispiele finden), bleiben sie doch an den meisten Bibelstellen stumm: stumm gegenüber den Männern, die ihnen Unrecht antun, und stumm gegenüber Gott.

Gewiß, Sara lacht spöttisch, als Gott mit seiner Sohnesverheißung ankommt in Mamre (Gen 18,12) – auch eine Form von Widerstand. Aber sie gibt doch ganz schön schnell klein bei und leugnet ihr Lachen – aus Angst wohl. Was hat sie schon zu sagen?

Wenn weibliche Stimmen in der Bibel zu hören sind, sind es dann nicht eher solche Stimmen wie die der Tochter Jiftachs, die von ihrem großmäuligen Vater geopfert werden wird, und die nichts dazu zu sagen hat als: „Mein Vater ... tu mit mir, wie dein Mund geredet hat." Kein Wort an, mit, gegen, über, von Gott!

Sind das Männerphantasien vom braven, stillen und züchtigen Weib? Ist das die Offenbarung, die ich als Frau zu akzeptieren habe, die mein Handeln, mein Beten, mein Verhältnis zu Gott also, bestimmen soll? Sollen *wir so* sein?

Gott steht auf der Seite der Streitenden

Wenn es stimmt, daß Gott auf der Seite der Armen, der Witwen und Waisen, der Unterdrückten und Entrechteten steht ... Wenn es stimmt, daß Gott Sprachlosen Stimme gibt und Gehör schenkt ... Wenn es stimmt, daß Herrschaft Teil der sündigen Strukturen dieser Welt ist ..., dann müssen wir nicht einfach nur nach biblischen Stimmen von Frauen (vergebens) suchen – und schweigen vor Gott. Dann brauchen wir uns nicht nur männlicher Sprache zu bedienen – und unsere Lebensgeschichten hineindeuten. Dann dürfen und müssen wir unsere eigene Sprache vor Gott finden, eine Sprache, mit der wir Widerstand leisten und Kräfte messen, Zukunft erstreiten und Veränderung einfordern, Worte, die Aufbruch signalisieren und Unrecht beklagen. Wir sind voll von Worten und sollen sie rausschreien, damit wir uns Luft machen, damit es anders wird unter uns!

Bibelarbeit

■ 1. Annäherung an das Thema

▷ Gotteslob Nr. 294: „Was Gott tut, das ist wohl getan ..., wie er fängt seine Sachen an, will ich ihm halten stille" *gemeinsam singen*

– oder ein vergleichbares Lied, das absolutes und fragloses Vertrauen in Gottes Wirken ausdrückt.

▷ Plakat mit diesem Satz: „Was Gott tut, das ist wohl getan" auslegen.

▷ Die Teilnehmerinnen sollen drumherum schreiben, was ihnen dazu einfällt.

(Im anschließenden Gespräch ist darauf zu achten, daß Teilnehmerinnen, die schwere Schicksale bewältigt und getragen haben, nicht verletzt werden!)

oder:

▷ Zeitschriften- und Tageszeitungsbeiträge (Überschriften reichen völlig), Fotos von Vertreibung, Krieg, Frauenbeschneidung, Prostitution usw. um diesen Satz herum gruppieren und Teilnehmerinnenreaktionen abwarten bzw. einfordern.

▷ Impuls der Leiterin (*erfordert bibelfeste Teilnehmerinnen*): „Wie wird in der Bibel mit solchen Unrechtssituationen, mit Leid, Unterdrückung usw. umgegangen? Wie steht Gott dazu? Welche Texte, Personen fallen Ihnen ein?"

▷ Einige Ideen/Einfälle werden auf Streifen geschrieben und zu den jeweils passenden Plakaten und Zeitschriften gelegt.

▷ Alternative: Ein paar Verse aus dem Buch Ijob oder einem Psalm, die Widerstand, Aufbegehren gegen Gott ausdrücken, lesen. – Kurzer Austausch darüber.

2. Auseinandersetzung mit einem konkreten Bibeltext

▷ Ein Text, der eine bestimmte Lebenssituation einer Frau beinhaltet, ohne daß die Frau groß zu Wort kommt, wird gelesen und besprochen: z.B. die Hagarerzählung (Gen 16), die Vergewaltigung Dinas (Gen 34), Jiftachs Tochter (Ri 11).

▷ Dann werden Zettel mit Versen aus den Psalmen ausgelegt; die Teilnehmerinnen werden einladen, mit Hilfe dieser Verse in ihren eigenen Gefühlen in der Identifikation mit der Frau der Bibelstelle sprachlichen Ausdruck zu geben.

Gut eignen sich auch feste Einleitungsformeln, um Frauen einzuladen, zu eigenen Formulierungen zu kommen, z.B.: „Gott, siehst du mich, ich bin Rebekka, Jiftachs Tochter" oder: „Du, Gott meiner Mutter Sara, höre".

Formulierungsbeispiel: „Gott, siehst du mich, ich bin Rebekka, Jiftachs Tochter. Nein, du siehst mich nicht und hörst mich nicht. Du, der Gott meines Vaters, bist nicht mein Gott. Du ziehst ja nicht aus, o Gott, mich zu retten. Du greifst ja nicht ein, mich zu befreien."

Für im Formulieren und Schreiben ungeübte Frauen kann es hilfreich sein, bestimmte formale Vorgaben zu machen und die auf einen Zettel aufzuschreiben, z.B.:
- „Fangen Sie einfach an, indem Sie Gott ansprechen, Gott einen Namen geben."
- „Benennen Sie das, was für die Frau dieser Bibelstelle, ihre Lebens-, ihre Leidenssituation ausmacht, was sie zu beklagen hat."
- „Überlegen Sie, ob Sie vor Gott klagen oder mit ihm verhandeln, streiten, rechten wollen!"
- „Vielleicht fallen Ihnen andere Situationen und Erfahrungen ein, auf die Sie sich als Frau dieser Bibelstelle beziehen wollen! – In den Psalmen sind das oft Exodus und Schöpfung, aber auch Gotteserfahrungen im Leben des Betenden."
- „Gibt es – für Sie als Frau dieser Bibelstelle – Menschen, deren Verhalten Sie beklagen, anfechten, in Frage stellen wollen? – Benennen Sie sie vor Gott!"
- „Bilden Sie Parallelismen. Das gehört zur hebräischen Poesie wie bei uns der Reim. Ein Parallelismus liegt vor, wenn im zweiten Halbvers dasselbe wie im ersten steht – nur mit anderen Worten."

▷ Diese Gebete werden vorgetragen. Damit es nicht zu Diskussionen kommt, könnten Sie als „Zwischenspiel" zwischen den einzelnen Beiträgen meditative Musik einspielen.
▷ Nach dieser Phase könnten Sie daran arbeiten, die Gebete (oder eines davon, auf das Sie sich gemeinsam einigen) in den Bibeltext einzuarbeiten. Das heißt: Sie lesen den Text und fügen das Gebet ein. Vielleicht ändert sich dadurch die Handlung? Erzählen Sie nach dem Gebet anders weiter – oder schreiben Sie den Fortgang um. (Z.B.: Jiftach erkennt nach der Klage seiner Tochter, daß sein Gott solche Versprechen gar nicht will; er opfert die Tochter nicht.)

■ 3. Mitnehmen der Bibelarbeit in den Alltag

▷ Laden Sie die Frauen ein, ihre eigenen Lebenserfahrungen vor Gott
zu bringen und Gebete zu formulieren. Bis zum nächsten Treffen
könnten sich auch alle auf die Suche nach solchen Texten von Frau-
en begeben. Sie könnten dann gemeinsam ein eigenes „Gebetbuch
des Gottesstreits" zusammenstellen. Ein Vorwort könnte sein Jes
51,2:

„Hört mir zu,
die ihr der Gerechtigkeit nachjagt und Jahwe sucht!
Schaut auf den Fels, aus dem ihr gehauen seid,
auf die Höhlung des Brunnens, aus dem ihr gegraben seid!
Schaut auf Abraham, euren Vater,
und auf Sara, die euch geboren hat!"

... und ich würde mich freuen, wenn Sie mir Ihre Sprechversuche zu-
schicken!

Petra Heilig

Hagars Weg aus der Ausweglosigkeit oder: Wie unter dem Deckmantel der Konkurrenz unter Frauen die Gottesfrage neu verhandelt wird

Bibelarbeit zu Gen 16,1–16 und Gen 21,9–21

Der Konflikt zwischen der versklavten Ägypterin Hagar und ihrer Herrin Sara findet sich in der Hebräischen Bibel, unserem sogenannten Alten Testament unter den „Väter- bzw. Müttergeschichten" (Gen 12ff). Diese Texte sind zum Teil im 6. Jh. v. Chr. während der babylonischen Gefangenschaft der israelitischen Oberschicht entstanden. Sie spiegeln also nicht nur alte Sippengeschichten, sondern auch das Schicksal des Volkes Israel, das im Exil seine Geschichte neu deutet und – zumeist mit ermutigendem Ausgang – beschreibt. In der Gestalt der versklavten Ägypterin Hagar scheint das eigentlich „spätere" Schicksal Israels auf, wird die Situation der Unterdrückung des Volkes Israel in Ägypten und Babylonien vorweggenommen.

Frauen lesen die Sara-Hagar-Geschichte ...

In den achtziger Jahren wurde diese Geschichte unter feministisch-theologischer Perspektive häufig bearbeitet.[1] Themen waren die Konkurrenz und die Variationen eines Streitmusters von Hagar und Sara, die sich gegenseitig „klein machen", das vielfältige Eingebundensein von Frauen in patriarchale Gesellschaftsstrukturen als Opfer, Täterin, Mittäterin, Mitläuferin, Widerstandskämpferin. (Sehr zu empfehlen ist es, die unten angegebenen Bücher von Mieke Bal u.a. zu diesem Thema hinzuzuziehen).

---

[1] *Mieke Bal, Fokkelien van Dijk Hemmes, Grietje van Ginneken*, Und Sara lachte ... Patriarchat und Widerstand in biblischen Geschichten, Morgana Frauenbuchverlag, Münster 1988. S. 29–50 ; *Marie-Theres Wacker*, 1. Mose 16 und 21: Hagar – die Befreite, in: Feministisch gelesen, Band 1. Eva Renate Schmidt u.a. (Hg.), Stuttgart 1988, S. 25–32; *Irmtraud Fischer*, Gottesstreiterinnen. Biblische Erzählungen über die Anfänge Israels. Kohlhammer 1995, S. 29–39.

Zu Beginn der 90er Jahre habe ich während eines Studienaufenthaltes in den USA eine neue, ganz andere Interpretation dieser Geschichte kennengelernt, nämlich aus der Sicht schwarzer afro-amerikanischer Theologinnen, die sich bewußt von weißen feministischen Theologinnen absetzen. Vor allem in der Person der Hagar entdecken sie ihre eigenen Erfahrungen von Unterdrückung und Widerstand.

In einem Buch von Delores S. Williams, Professorin für Theologie und Kultur am Union Theological Seminary in New York, das „Sisters in the Wilderness" (Schwestern in der Wildnis)[2] heißt, ist uns diese andere Sichtweise zugänglich. (Leider liegt ihr Buch noch nicht in deutscher Übersetzung vor.) In „Sisters in the Wilderniss" beschreibt die Autorin am Beispiel Hagars den Zusammenhang zwischen den vielfältigen Unterdrückungserfahrungen schwarzer Frauen in den USA und ihren religiösen und spirituellen Erfahrungen.

Hagar – Mitschwester und Vorbild schwarzer Frauen zur Zeit der Sklavenhalterei in den USA bis heute

Für die Entwicklung einer schwarzen Theologie waren von Frauen und für Frauen besonders zwei biblische Traditionen wichtig.

Die erste ist die Tradition der Befreiung mit den biblischen Erzählungen vom Exodus und Jesu befreiender Botschaft (Lk 4,18). Sicherlich kennen Sie einige Spirituals, wie „When Israel was in Egypt Land ... Go down Moses ..." Wichtige Identifikationsfiguren sind für diese Traditionen Mose, Mirjam und Jesus Christus. „Gott ist der Befreier der Armen und Unterdrückten" – mit diesem Vorverständnis werden die biblischen Texte gelesen.

Den zweiten Traditionsstrang kann man die Tradition vom Über-leben nennen und an der Person der Hagar festmachen. Delores S. Williams erzählt in ihrem Buch, daß ihr Hagar immer wieder in den Werken schwarzer KünstlerInnen, WissenschaftlerInnen und PredigerInnen begegnete.

---

2 *Delores S. Williams*, Sisters in the Wilderness. The Challenge of Womanist God-Talk, Orbis Books, Maryknoll, New York 1993; *Delores S. Williams*, Afro-amerikanische Frauen in drei Kontexten der Gewalt, in: Concilium. Internationale Zeitschrift für Theologie, April 1994, 30. Jhg., Heft 2, S. 129–134.

Hagars Geschichte weist zahlreiche Parallelen zum Leben schwarzer Frauen in den USA zur Zeit der Sklavenhalterei bis heute auf: Hagar, die Ägypterin, kommt aus Afrika wie die schwarzen Frauen. Sie ist Sklavin und wird von ihrer Herrin brutal behandelt. Sie kann nicht frei über ihren Körper verfügen, muß ihn zur Verfügung stellen für erzwungene Mutterschaft. Sie ist Sexualobjekt für die männlichen Mitglieder der weißen Herrschaftsfamilien. Sie versucht sich der Behandlung durch Flucht zu entziehen, später werden sie und ihr Kind ohne Überlebenschance ausgesetzt. Hagar ist „alleinerziehend" wie so viele schwarze Frauen in den USA und sie hat eine Gottesbegegnung in der Wildnis, die ihr und ihrem Sohn schließlich das Überleben ermöglicht. Vor dem Bürgerkrieg war die Wildnis, die den weißen Bewohnern Amerikas oft nur bedrohlich erschien, für die schwarzen SklavInnen der Ort der Freiheit. Dort feierten sie heimlich ihre Gottesdienste, dort konnten sie sich verstecken und unbeobachtet treffen.

„Überleben" und „Gemeinschaft" – zwei wichtige Verstehenshilfen für Hagars Geschichte

Durch zwei „Lese- und Verstehenshilfen" eröffnet Delores S. Williams einen neuen Zugang zu diesem Bibeltext: Erstens geht es in diesem Text nicht zentral um Befreiung, sondern um das Überleben und die Schaffung bzw. Sicherung einer nachhaltigen Lebensqualität für Hagar und ihre Nachkommen. Zweitens sind Hagar, ihre Person und ihr Handeln nur auf dem Hintergrund ihrer Zugehörigkeit zum ägyptischen Volk und zur Gemeinschaft der versklavten Frauen und Männer im Herrschaftsbereich von Sara und Abraham zu verstehen. Hagar ist somit keine Einzelperson, sondern spricht als Repräsentantin einer Gruppe, ihrer Gemeinschaft und ihres Volkes zu uns. Erfahren wir nun, wie Hagar aus dieser Perspektive heraus die spannungsvollen Momente ihrer Geschichte neu erzählt: ihre Auseinandersetzung mit Sara, ihre zweifache Flucht, ihre Erfahrungen und Gottesbegegnungen in der Wildnis/Wüste und ihr späteres Leben mit ihrem Sohn Ismael.

Frauenstreit um die Gottesfrage – ein neuer Dialog zwischen Hagar und Sara

Aus dieser Perspektive heraus können wir den „Frauenstreit" dieser beiden Bibelstellen Gen 16 und Gen 21 doppelt wahrnehmen. Es ist einerseits auf der Textebene Streit zwischen Herrin und Sklavin, Unterdrückerin und Unterdrückter; auf der Ebene der Leserinnenschaft ist es aber auch der Streit zwischen weißer feministischer Lesart dieser Stelle und schwarzer womanistischer (so ist die Selbstbezeichnung dieser schwarzen Theologinnen, abgeleitet von engl. „woman" = Frau) Perspektive:

Hagar: Ihr erinnert Euch? Sara, meine kinderlose Herrin hatte beschlossen, sich durch mich, ihre Sklavin „aufzubauen" (Gen 16,2), d.h. ihren Status durch Mutterschaft zu sichern. Der Text bezeichnet mich hier noch nicht als „Sklavin". Vermutlich war ich übrigens „Teil" des Brautpreises für Sara, in dem sich laut Gen 12,16 auch ägyptische SklavInnen befanden. Für die jüdische Tradition bin ich nach Gen 45,1 sogar eine Tochter des ägyptischen Pharaos, also eine Freigeborene.

Sara (unterbricht): Ich habe da nichts Sittenwidriges getan! Diese Form der „Leihmutterschaft", also das „stellvertretende Gebären einer Magd oder Sklavin für die Hauptfrau", war damals eine gesellschaftlich anerkannte Institution!

Hagar: „Die „herrschenden Interessen sind die Interessen der Herrschenden" – wie wahr ist dieses Wort! Deswegen möchte ich mit Dir, Sara, über den biblischen Text streiten, der unser beider Schicksal überliefert. Ich möchte an der Stelle einsteigen, in der es heißt: „Ihre Herrin sank in ihren Augen" (Gen 16,4).

Von mir, der versklavten Frau, hängt erst das Fortbestehen des „Herrenhauses" ab. Und dann denken die meisten LeserInnen des biblischen Textes, ich sei jetzt „hochmütig" geworden, wolle mich gar an Deine Stelle setzen und nicht nur Abrahams „Frau" (Gen 13,3) sondern sogar seine „Hauptfrau" werden. Aber darum ging es mir nicht!

Und auch feministische Theologinnen verstehen meine Reaktion nicht ganz, wenn sie schreiben, daß es an dieser Stelle nicht um Haß, Geringschätzung oder Verachtung geht, sondern um eine Neuordnung der Beziehungen zwischen uns beiden.

Sara: Wieso? Geht es denn in dieser Stelle nicht um *unser* Verhältnis zueinander? Schließlich bekomme ich doch immer von feministischen Theologinnen vorgeworfen, ich bliebe in alten Strukturen verhaftet, anstatt einen Schritt in Richtung Gleichberechtigung und Gerechtigkeit zu machen.

Hagar: Mich ärgert es, daß immer versucht wird, das „Und ihre Herrin sank in ihren Augen" nur im Zusammenhang mit Herrschaft zu verstehen! Nein, Du sinkst in meinen Augen, weil Du mich verraten und ausgeliefert hast – durch die Schwangerschaft für alle sichtbar. Tatsächlich sorgen wir uns also beide an dieser Stelle um einen möglichen Verlust an Ansehen, allerdings aus ganz verschiedenen Gründen und im Hinblick auf ganz verschiedene Personengruppen.

Sara: Du kannst mich doch nicht für die Überlieferung des Bibeltextes und die Auslegung der weißen Feministinnen verantwortlich machen. Dafür kann ich doch wirklich nichts!

Hagar: Du kannst aber für etwas anderes etwas: „Mache mit *ihr*, was gut ist in deinen Augen" (Gen 16,6), sagt Abraham. „Und Sara bedrückte *sie*", heißt es weiter. Ich werde von Dir „bedrückt", das heißt „hart behandelt". Mit dem gleichen Wort, mit dem hier meine Qual als ägyptische Frau in Kanaan bezeichnet wird, wird später in der Bibel das Leiden der hebräischen Bevölkerung in Ägypten beschrieben. Und auch ich bereite daraufhin meinen Exodus, meine Flucht vor, allerdings zunächst ohne die konkrete Hilfe Gottes.

Sara: Gott hat Dir nicht viel geholfen – im Vergleich dazu, wie er Abraham und mich immer wieder beschützt und errettet (vgl. Gen 12,10–20; Gen 20,1–18) oder später in der Exodusgeschichte eingegriffen hat (vgl. Ex 7,1 – 15,21).

Hagar: Du immer mit Deinem Exodus- und Befreiungsthema! Du kannst es wirklich schwer verstehen, daß Gott mich nicht sensationell befreit. – Vielleicht weil Du genau merkst, daß Befreiung von denjenigen kommen muß, die auch für die Unfreiheit verantwortlich sind?
Ich leiste Widerstand, ich fliehe, komme wieder zurück und fliehe wieder – und erfahre dabei, daß Gott mich unterstützt. Gott hat mich nicht unmittelbar befreit, aber hat mein Überleben und das meines

Kindes im Blick. Und *Du* mußt *Dich* fragen, was *Du* für meine und schließlich auch Deine Befreiung getan hast.

Übrigens habe ich von Gott die gleiche Verheißung für meine Nachkommen wie Abraham. Und ich bin der einzige Mensch, die einzige Frau in der Hebräischen Bibel, die Gott einen Namen gibt! Und ich gründe auch einen heiligen Ort. Der Brunnen Beer Lahai-Roi (Brunnen des Lebendigen, der nach mir schaut) ist nicht einfach eine Wasserstelle in der Wüste, sondern ein Ort, an dem Gott sich sehen läßt.

Sara: So langsam verstehe ich, daß es in dieser Geschichte um *Deine* Gotteserfahrung und *Dein* Er- und Überleben geht.

Hagar: Du bist schon wieder schief gewickelt. Deine und meine Geschichte sind doch auch Volksgeschichte! Meine Flucht vor Dir in Gen 16, das ist Exodus, Auszug und meine zweite Wüstenerfahrung und Gottesbegegnung in Gen 21, das ist eine Exilsgeschichte. Du läßt mich verjagen.

Sara: Wenn Du meinst ...

Hagar: Gott öffnet mir die Augen, damit ich fähig werde, uns aus eigener Kraft zu helfen. Gott zeigt mir einen Weg aus der Ausweglosigkeit.

Und dann ist die Zeit reif für die Verheißung: Mein Sohn wächst heran, läßt sich in der Wüste nieder, wird ein Bogenschütze, und ich sorge dafür, daß er sich mit einer ägyptischen Frau verbindet. Unsere Nachkommen entziehen sich durch ihre große Zahl dem Beherrschtwerden, als Wildeselmenschen lassen sie sich keine knechtenden Fesseln mehr anlegen.

Sara: Also heißt es in dieser Geschichte doch: Ende gut, alles gut? Du bist die Frau, die ihre eigene Befreiung in die Hand nimmt; die Frau, der eine Gottesbegegnung zuteil wird und die den Gott, der sich ihr offenbart, benennt und eine Gottesgedenkstätte begründet. Da hast du allen anderen Urmüttern und -vätern in der Geschichte Israels etwas voraus!

Hagar: Stimmt. Aber ob die Geschichte ein „Happy-End" hat, kann ich nicht sagen, denn sie geht ja weiter: in der Unterdrückung und Ausbeutung von Frauen (und Männern) überall auf der Welt, durch die Geschichte hindurch bis heute!

Doch meine Erfahrungen beschreiben nicht einfach pessimistisch den Zustand, wie er ist, sondern weisen auf die Fähigkeiten menschlicher Intelligenz und menschlichen Erfindungsgeistes hin, mitten im Kampf eine *Kultur des Widerstands* zu schaffen. Für diese Überlebens- und Widerstandskultur brauchen (nicht nur schwarze) Frauen folgende Fähigkeiten: Die Kunst schlau zu sein ohne zu betrügen, indem Du Dein Wissen mit praktischen Fähigkeiten und Geschicklichkeiten kombinierst; die Kunst einander zu begegnen; die Fähigkeiten, Widerstand zu leisten oder auszuhalten – je nachdem, was die Zeit und Situation erfordert – und das sichere Wissen und Gespür dafür, welches der beiden momentan „not tut"; die Kunst der Fürsorge, Liebe, Hingabe, Treue und Nächstenliebe, aber mit dem Gespür dafür, sich nicht ausnutzen zu lassen und schließlich die Kunst, sich mit Deinen Mitmenschen in gerechten Beziehungen zu verbinden und zu verbünden, vor allem im Kampf gegen jede Form von Unterdrückung überall auf der Welt!

Bibelarbeit

Wir treffen uns mit Hagar in der Wüste/Wildnis an der Quelle ...

▨ 1. ... und erfahren ihre Geschichte aus der Hebräischen Bibel

▷ Eine oder zwei Frauen lesen die beiden Texte Genesis 16,1–16 und Genesis 21,9–21 laut vor. Jede Frau notiert sich ihre ersten Gedanken dazu: Was fällt mir auf? Wo habe ich Fragen? Was ist für mich die Hauptaussage dieser Texte?
▷ In Kleingruppen tauschen sich die Teilnehmerinnen anschließend darüber aus.

▨ 2. und aus womanistischer Perspektive

▷ Eine Frau erläutert zunächst die Konzepte „Womanism" und „Womanistische Theologie" und benennt die Lese- und Verstehenshilfen für den Text, die uns Delores S. Williams in ihrem Buch zur Verfügung stellt.

**Lila statt Lavendel! Womanismus – ein Befreiungskonzept
schwarzer US-Amerikanerinnen**

Alice Walker, Autorin des Buches „Die Farbe Lila" hat Anfang der achtziger Jahre das Konzept des „Womanism" („Frau": engl. „woman") geprägt. Womanism ist abgeleitet von „womanish", ein Ausdruck aus der Umgangssprache schwarzer US-Amerikanerinnen. Frauen verwenden ihn für ihre Töchter, Enkelinnen, Urenkelinnen, Nichten und Freundinnen, wenn sie vorlauter, selbstbewußter, ausgelassener, mutiger und neugieriger sind, als es ihrem Alter oder der Situation angemessen oder ihnen gut zu tun scheint. Wir würden vielleicht „altklug" oder „frühreif" dazu sagen. Alice Walker verändert nun diese ursprünglich negative Bedeutung und verwendet sie jetzt für Eigenschaften, die zwar an schwarzen Frauen traditionell verurteilt werden, die aber gerade ihre Stärke ausmachen. So wird dieser Ausdruck eine Waffe im Kampf schwarzer Frauen um ihr Selbstbestimmungsrecht und wendet sich gegen jede Form der Unterdrückung. Womanismus verhält sich deshalb zu Feminismus, so Alice Walker, wie lila zu lavendel: er hat eine tiefere und vollere Bedeutung, denn Womanismus analysiert und skandalisiert alle Macht- und Unterdrückungsmechanismen, die sich festmachen an Hautfarbe, Religionszugehörigkeit, ethnischer Zugehörigkeit, „Rasse", sexueller Orientierung, sozialer Schicht, Gesundheit, Behinderung und Alter.

Anschließend lesen die Frauen in zwei Gruppen (einer Hagar- und einer Sara-Gruppe), die einander gegenüber sitzen, den obigen Dialog laut vor (ohne die Angaben der Bibelstellen in den Klammern).

▨ 3. „Frauenstreit" oder „Ohne Reibung keine Wärme"

▷ In den gleichen Kleingruppen wie vorher überlegen die Teilnehmerinnen, wie sich der Text jetzt für sie verändert hat: Was ist neu, spannend? An welchen Punkten und Fragen wollen wir gemeinsam weiter diskutieren, weiterarbeiten?

▨ 4. Wie kann weiter gearbeitet werden – einige Möglichkeiten

▷ Aus den Kleingruppen werden diese Möglichkeiten zur weiteren Beschäftigung mit der Geschichte der Hagar gesammelt. An ihnen oder den folgenden Aspekten kann gemeinsam oder in Kleingruppen weiter gearbeitet werden.

– Frauen und Frauenbilder, die uns stärken und unterstützen
In ihrem Buch beschreibt Delores S. Williams, warum Hagar für schwarze Frauen in den USA eine viel bestärkendere Identifikationsfigur ist, als zum Beispiel die biblische Maria, die als zu „rein" und zu passiv erlebt wird. Hagar dagegen ist überlebensfähig, widerständig, stolz, einfallsreich und fürsorglich; sie hat eine eigene Spiritualität und eine enge Gottesbeziehung.

▷ Die Teilnehmerinnen können sich einzeln, in Kleingruppen oder gemeinsam über Frauen, Frauenbilder und -vorbilder austauschen, die sie selbst in ihrem Leben als stärkend und unterstützend erlebt haben. Diese Frauengestalten und -symbole können vorher auch gemalt werden.

– Überleben – Befreiung – Wege aus der Ausweglosigkeit – meine eigenen Wüsten- und Wildniserfahrungen
Delores S. Williams beschreibt, daß Hagar mit ihrem Schicksal und ihrer Gottesbegegnung für viele schwarze Frauen Wegbegleiterin in der eigenen Wüsten- und Wildniserfahrung geworden ist.

▷ Wenn die Gruppe sich vertraut genug ist, kann jede Frau, die mag, ihre eigene Reise in die Wüste (Exodus oder Exil), ihre Gottesbegegnung, die Wege aus der Ausweglosigkeit malen, erzählen, beschreiben ... Vielleicht gibt es ja in der großen Runde Gemeinsamkeiten? Aber auch der Reichtum verschiedener Erfahrungen soll gewürdigt werden.

– Nicht das Weißsein gilt es zu verändern sondern das Weißhandeln!
Wie die weiße, feministische Theologin Eske Wollrad feststellt, genügt es nicht, als weiße Frau immer wieder zu betonen, wie sehr „frau" gegen Rassismus und überhaupt jede Art von Unterdrückung sei. Vielmehr gilt es, das eigene „Weißhandeln" zu erkennen und zu verändern. „Weißhandeln" beschreibt nicht nur die bewußte oder unbewußte Diskriminierung und Ausbeutung schwarzer Menschen. Mit „Weißhandeln" meint sie jenes Handeln, das die Vorteile und Privilegien weißer Menschen unhinterfragt nutzt, von ihnen profitiert und diese Privilegien somit bestätigt.

▷ Weiße müssen überlegen, welche Privilegien dies sind, wie sie selbst davon profitieren und welche Möglichkeiten der Veränderung es geben kann. Hier in Deutschland könnte zum Beispiel unser Umgang mit ausländischen MitbürgerInnen thematisiert werden.

5. Abschluß

▷ Am Ende des Treffens bestärken wir uns in unserem Streit. Nur über
die Anerkennung und Wertschätzung unserer Unterschiede können
wir zu echter Solidarität gelangen. Nicht unsere Unterschiede trennen uns, sondern das Schweigen darüber. Das sagen wir uns zu mit
den Worten von Audre Lorde, einer berühmten schwarzen Schrift-
stellerin und Aktivistin: „Unsere Stärke besteht jedoch darin, daß
wir Unterschiede zwischen uns Frauen als fruchtbar begreifen und
aufrecht zu unseren Entstellungen stehen, die unser unschuldiges
Erbe sind, aber die nun von uns berichtigt werden müssen. Wenn wir
durch unseren Ärger aufeinander zu wirklicher Einsicht in unsere
Unterschiede gelangen, kann sich unser Bewußtsein dieser Unterschiede in Machtbewußtsein ändern. Denn Ärger unter Gleichge-
sinnten bewirkt Veränderung, nicht Zerstörung. Unbehagen und Gefühle von Verlorenheit, die dabei entstehen, sind nicht tödlich, sondern ein Zeichen unserer Reifung."[3]

---

[3] aus: *Dagmar Schultz* (Hg.), Macht und Sinnlichkeit. Ausgewählte Texte von Audre
Lorde und Adrienne Rich, Orlanda Frauenverlag, München 1983, S. 106. Das gesamte
Buch ist für die Auseinandersetzung mit Rassismus sehr empfehlenswert.

Claudia Rakel

Kein Zorn ist schlimmer als Frauenzorn ...

Bibelarbeit zu einem Klischee der Weisheitsliteratur

„Sei nicht so zickig!" Haben wir Frauen in unserer Kindheit oder Jugend nicht häufiger diesen oder ähnliche Sätze zu hören bekommen? Zickig, aufmüpfig, rechthaberisch und zänkisch zu sein – dies sind Eigenschaften, die vor allem mit Mädchen in der Pubertät in Verbindung gebracht werden. An die Streitkultur, die meine Freundinnen und ich in meiner Kindheit untereinander, mit Eltern und Erwachsenen pflegten, erinnere ich vor allem durch die Brille dieses Satzes von Seiten der Erwachsenen: zänkisch und zickig sollen wir gewesen sein. Aber was ist das eigentlich: „zänkisch"? Streitkultur zeugt von Konfliktfähigkeit und Selbstsicherheit und ist somit eine positive Eigenschaft. Aber das Wort „zänkisch" zielt auf etwas ganz anderes. Wer zänkisch ist – und dies sollen laut Klischee vor allem Frauen sein – die hält sich mit kleinlichen Streitereien auf, ihr geht es nicht um vernünftige Argumente, sondern sie trägt emotional und verbal einen Kampf aus, in dem es nur darum geht, auf ihrem Recht zu beharren. Solche Frauen reagieren unberechtigterweise aggressiv. Während in unserer Kultur Aggression in Form von körperlicher Gewalt mit Männern in Verbindung gebracht wird (und dies sicherlich zu Recht), gibt es aber eben auch diese zänkische Aggressionsform, die mit dem weiblichen Geschlecht assoziiert wird: das giftige Diffamieren, das zornige Schimpfen und Keifen, das wütende verbale Angreifen mit spitzer Zunge. Doch seien wir ehrlich: Welche Frau hat nicht schon einmal solche zänkischen Ausbrüche gehabt und darüber ihrem Ärger und ihrer Wut Luft verschafft?

Die zänkische Frau in der Weisheitsliteratur

Innerhalb der biblischen Texte widmet sich die Weisheitsliteratur sehr ausgiebig dem Thema „Frau". Vielen ist das Lob auf die tüchtige Frau (Spr 31) oder die Tatsache bekannt, daß wir in der Weisheitsliteratur die Weisheit häufig als Frau personifiziert finden, wodurch Frauen ein neuer Zugang zu einem Gottesbild ermöglicht wird, das nicht auf rein männlichen Bildern basiert. Solche Traditionen deuten auf Achtung und Ehrung von Frauen und weiblichen Eigenschaften hin. Neben ihnen finden wir auch Textstellen, beispielsweise im Buch der Sprichwörter oder im Buch Jesus Sirach, die ein sehr negatives Bild von Frauen zeichnen. Eines dieser negativen Bilder ist das vom „zänkischen Weib".

Vor Frauen, die Streit verursachen, wird eindringlich gewarnt. „Besser in der Wüste hausen als Ärger mit einer zänkischen Frau." (Spr 21,19) Jeder noch so unbewohnbare Ort, selbst die Wüste, ist angenehmer als ein Ort, wo der Ärger mit einer Frau vorprogrammiert ist. Die Mahnungen im Buch der Sprichwörter schildern in sehr bildreichen Vergleichen, was es bedeutet, mit einer Frau verheiratet zu sein, die ständig streitet bzw. zänkisch ist. Das heißt, diese Sprüche richten sich an Männer: „Besser in einer Ecke des Daches wohnen als eine zänkische Frau im gemeinsamen Haus." (Spr 21,9; Spr 25,24) Daß es in diesem Vergleich um mehr geht als um ein intaktes Haus aus Lehm und Stein, ist deutlich spürbar. Auf dem Spiel steht das intakte Gemeinschaftsleben in familiären Strukturen, es geht um die ausgeglichene, ruhige Existenz des männlichen Familienoberhauptes, wenn unter dem gemeinsamen Dach eine derartige Frau die Lebensgefährtin des Mannes ist. Solche Frauen sind unzufrieden, sie haben ständig etwas auszusetzen, kritisieren das Verhalten ihres Mannes, statt zu ihm aufzusehen. Die Septuaginta, das Alte/Erste Testament in griechischer Sprache, setzt für den im Hebräischen verwandten Ausdruck 'Frau der Streitereien', was in der Einheitsübersetzung mit 'zänkische Frau' wiedergegeben wird, weitere blumige Umschreibungen für die diese Frau: schimpfend (Spr 25,24) oder auch streitsüchtig, zungenfertig und jähzornig (Spr 21,19). Den Vergleich mit dem Dach eines Hauses finden wir in einem anderen leicht abgewandelten Spruch: „Ein ständig tropfendes Dach in der Regenzeit und eine zänkische Frau gleichen einander." (Spr 27,15) Das Haus ist nicht mehr der schützende, abgeschlossene Raum. Durch die streitsüchtige Frau dringen Zwietracht und Streit in den Ort hinein, den die Frau dem Mann so angenehm wie möglich gestalten soll: „Ein Unglück für den Vater ist ein törichter Sohn und wie ein ständig tropfendes Dach das Gezänk einer Frau." (Spr 19,13)

Das Buch der Sprichwörter arbeitet mit der Gegenüberstellung der guten und der schlechten Lebensgefährtin für einen Mann. Eine schlechte Frau mit Hang zu Streitsucht ist das genaue Gegenbild der tüchtigen Frau, wie sie in Spr 31,10–31 gelobt wird und von der gesagt wird: „Öffnet sie ihren Mund, dann redet sie klug, und gütige Lehre ist auf ihrer Zunge." (Spr 31,26) Beide Porträts von Ehefrauen, das der guten und tüchtigen wie auch das der schlechten und zankenden, entstammen einer Männerperspektive und werden in ihrem Nutzen oder Schaden für den Mann beschrieben. Sehr klar läßt sich hier erkennen, daß hinter den frauenfeindlichen Äußerungen über die zänkischen Frauen das System der antiken patriarchalen Hausgemeinschaft (griechisch *oikos*) steht, dessen Oberhaupt – der Haus-Vater – über uneingeschränkte Autorität verfügt. Eine zänkische Frau untergräbt dessen Autorität. Sie wagt zu widersprechen, wagt unzufrieden zu sein mit der Art der Führung dieser Hausgemeinschaft. Aus diesem Grunde ist das Bild des defekten Hauses ein sehr sprechendes Bild für das Verhalten einer solchen Frau. Die Frau stellt eine der Grundfesten der antiken patriarchalen Gesellschaft in Frage. Deshalb ist es für einen männerzentrierten Text an dieser Stelle mehr als konsequent, vor dieser Frau zu warnen.

Kein Zorn ist schlimmer als Frauenzorn (Sir 25,15)

Kaum ein biblischer Autor hat sich so intensiv dem Thema „Frauen" gewidmet wie Jesus Sirach. In seinem Buch finden wir viele Texte, die sich mit großem Engagement über gute und schlechte Ehefrauen, Töchter, die der väterlichen Kontrolle bedürfen, sowie über die Gefahren weiblicher Schönheit u.ä. auslassen. In Sir 25–26 äußert sich Jesus Sirach über Ehefrauen, die er in zwei auch vom Buch der Sprichwörter bekannte Kategorien einteilt: in gute und in schlechte Frauen. Auffällig ist bei Jesus Sirach, daß keine andere Frauenkategorie von Jesus Sirach in ein derartiges „Schwarz-Weiß-Schema" (Strotmann) gepreßt wird wie die der Ehefrauen. In den zahlreichen Sprüchen über die schlechten und bösen Frauen in 25,13 – 26,27 finden wir das Motiv der zänkischen Frau wieder, das Jesus Sirach allerdings mit vielen anderen schlechten Eigenschaften von Frauen zusammenfügt. Sprüche wie „Lieber mit einem Löwen oder Drachen zusammenhausen, als bei einer bösen Frau wohnen" (Sir 25,16) erinnern an das Zusammenwohnen mit einer zänkischen Frau. Nur wird hier nicht das Bild des Hauses zum Vergleich herangezogen, sondern die Frau wird mit wilden, reißenden oder feuerspeienden Tieren verglichen. Sir 25,13–15 beschreibt, daß keine Bosheit so schlimm ist wie Frauenbosheit, kein Ungemach so groß wie das durch eine zurückgesetzte Frau erlittene, kein Zorn so schlimm wie Frauenzorn. Frauen, die zungenfertig sind, hemmen ihren Mann in seinen Entfaltungsmöglichkeiten und in seinem Aufstieg (vgl. Sir 25,20); und schon gar ist es eine Schande und Erniedrigung für einen Mann, wenn er durch seine Frau ernährt wird (vgl. Sir 25,22). Solche Aussagen gehen über die Eigenschaften zänkischer Frauen hinaus und fügen sich doch gleichzeitig sehr gut in das Bild einer Frau ein, die sich über ihren Mann hinwegsetzt. Die Aussagen in Sir 25,13 – 26,27 lassen, worauf Silvia Schroer zu Recht hinweist, zum Teil nur erahnen, worum es in der Sache überhaupt geht: um Zügellosigkeit, Frechheit, Klatschsucht und – ein Thema schon des Buches der Sprüche (vgl. Spr 21,9; 27,15) – das Kreischen und Schimpfen der unzufriedenen, streitbaren Frau. Der Text, den wir hier vor uns haben, ist voller Leerstellen: Was denn ist genau Frauenbosheit? Worin besteht überhaupt Frauenzorn? Hier läßt der Autor seine Leser und Leserinnen allein bzw. ihrer Phantasie freien Lauf.

Ein guter Rat unter Männern

Welche Frau hat Jesus Sirach hier vor Augen, vor der er so eindringlich warnt und die er mit so deutlich frauenverachtenden Worten zeichnet? Es handelt sich offenbar um eine Frau, die selbständig ist, denn sie ist sogar in der Lage, ihren Mann zu ernähren; eine Frau, die den Mund aufmacht, die zornig wird, die dem Mann Unannehmlichkeiten bereitet, wenn sie zurückversetzt wurde, eine Frau, die sich Freiheiten herausnimmt (vgl. Sir 25,25). In moderner Sprache würden wir wahrscheinlich von einer solchen Frau heute sagen, sie sei emanzipiert. Eine solche Frau entspricht in keiner Weise den Idealvorstellungen, die der Weisheitslehrer Jesus Sirach von einer guten Ehefrau hat, denn diese ist anmutig und klug (vgl. Sir 26,13), schweigsam und gut erzogen (vgl. Sir 26,14), schön (vgl. Sir 26,17f), fromm (vgl. Sir 26,23), schamhaft (vgl. Sir 26,25) und ehrt ihren Mann (vgl. Sir 26,26).
    Eine zänkische Frau im Haus des Mannes gehört „zu den größten Unsicherheitsfaktoren für ein ehrenvolles Leben des Haus Vaters"

(Strotmann). Spätestens hier wird deutlich, an wen sich die Worte Jesus Sirachs richten: an die Männer. D. h. die Kommunikationssituation, die sich in diesem Text widerspiegelt, ist die eines Männergespräches. Ein weiser Mann unterrichtet einen weniger erfahrenen, wahrscheinlich noch jungen Mann über Erfahrungen mit Frauen in Form von weisheitlichen Sprüchen bzw. Sentenzen. Er gibt dabei Empfehlungen, die auf Gehorsam und Unterwerfung der Frauen unter die männliche Autorität zielen. Zu allem Überfluß liefert er in diesem Zusammenhang noch einen Satz, der von der christlichen Tradition nur zu gerne aufgegriffen wurde: „Von einer Frau nahm die Sünde ihren Anfang, ihretwegen müssen wir alle sterben." (Sir 25,24) Wir treffen hier auf eine sehr erfolgreiche, insbesondere in christlichen Schriften wie 2 Kor 11,3 und 1 Tim 2,14 gern aufgenommene Auslegung von Gen 2–3, wonach Eva die Erstschuldige im Sündenfall war, die sich von der Schlange verführen ließ und deren Handeln die ganze Menschheit in das Verderben der Sterblichkeit gestürzt habe. Der 1. Timotheusbrief greift diese Argumentation auf, um mit ihrer Hilfe zu begründen, warum Frauen nicht lehren sollten, sondern sich vielmehr still zu verhalten hätten und in aller Demut belehren lassen müßten.

Widerständige Frauen in patriarchale Strukturen

Daß die Weisheitsliteratur so vehement vor den zänkischen Frauen warnt, hat mit der männlichen Angst vor starken Frauen zu tun. Die patriarchale Ordnung, die nicht etwa auf die erst- und neutestamentliche Zeit beschränkt ist – im 19. Jahrhundert wurden Frauen, die als zänkisch galten, noch mit der Diagnose „Hysterie" häufig in psychische Heilanstalten eingewiesen –, sondern in der wir auch heute nach wie vor leben, basiert zentral darauf, daß die Haus- bzw. Familienstrukturen funktionieren und die Macht des väterlichen/männlichen Hausvorstandes nicht in Frage gestellt wird. Diese Ordnung bot der männlichen Oberschicht in biblischer Zeit Sicherheit und stützt diese auch nach wie vor. Nicht umsonst wird auch heute noch in der Kirche immer wieder die Frau auf ihre „natürliche" Rolle als Mutter verwiesen. Insofern sollten wir uns davor hüten, Autoren wie Jesus Sirach vorschnell als Frauenhasser zu titulieren oder seine Texte als hoffnungslos patriarchal zurückzuweisen. Die Bilder, mit denen er arbeitet, sind in unserer „aufgeklärten Zeit" durchaus nicht überwunden. Dennoch sollten wir uns bewußt machen, daß die Texte der Weisheitsliteratur, die mit dem Klischee der zänkischen Frau hantieren, sicherlich keine befreiende Botschaft für Frauen enthalten. Auch dann nicht, wenn uns bewußt ist, daß dort die gute und tüchtige Frau in überschwenglichen Worten gelobt wird, da auch dieses Bild durch seine Festschreibungen der weiblichen Rolle lediglich der Unterstützung des patriarchalen Systems dient.

Wir können sie heute nur als Texte lesen, die schmerzlich daran erinnern, welches Frauenbild unserer christlichen Tradition anhaftet, und von ihnen ausgehend uns von diesen männlichen Zuschreibungen durch Kritik befreien. Denn zänkisch zu sein, ist tatsächlich eine Form des Widerstandes. Sie ist Ausdruck der Unzufriedenheit von Frauen mit der Rolle, die ihnen durch die androzentrische Kultur zugewiesen wird. Aus diesem Grunde ist es gut, sich dieses Potential des Protestes und des Sich-nicht-einverstanden-Erklärens nicht nehmen zu lassen.

Daß Frauen in biblischer Zeit dies gewußt und praktiziert haben, davon zeugen die vielfältigen Warnungen vor zänkischen Weibern in der Weisheitsliteratur. Es gab offensichtlich durchaus Frauen in den Hausgemeinschaften, die sich nicht mit der untergeordneten Rolle abfanden und sich zänkisch gegen ihre „Herren" auflehnten. Diese Frauentradition gilt es nicht „mit dem Strich" der Weisheitstexte zu verurteilen, sondern „gegen den Strich" der Texte die Erinnerung an diese Frauen wachzuhalten.

LITERATUR ZUR VERTIEFUNG

Camenzind, Elisabeth / Knüsel, Kathrin (Hg.), Starke Frauen, zänkische Weiber? Frauen und Aggression, Zürich ²1992.
Maier, Christl, Das Buch der Sprichwörter. Wie weibliche Weisheit entsteht ..., in: *Schottroff, Luise / Wacker, Marie-Theres* (Hg.), Kompendium Feministische Bibelauslegung, Gütersloh 1998, 208–220.
Schroer, Silvia, Der eine Herr und die Männerherrschaft im Buch Jesus Sirach, in: *dies.*, Die Weisheit hat ihr Haus gebaut. Studien zur Gestalt der Sophia in den biblischen Schriften, Mainz 1995, 96–109.
Strotmann, Angelika, Das Buch Jesus Sirach. Über die schwierige Beziehung zwischen göttlicher Weisheit und konkreten Frauen in einer androzentrischen Schrift, in: *Schottroff, Luise / Wacker, Marie-Theres* (Hg.), Kompendium Feministische Bibelauslegung, Gütersloh 1998, 428–440.

■ 1. Phase: Annäherung an das Thema

▷ In der Mitte des Stuhlkreises liegen Plakate, auf denen sich jeweils Satzanfänge wie die folgenden befinden:
– Wenn ich verärgert bin, dann ...
– Wenn ich mich streite oder zanke, geht es meistens um ...
– Mich macht wütend und aggressiv, daß ...
– Wenn Frauen zänkisch sind, dann denke ich mir ...
– Streit und Zank muß manchmal sein, weil ...
Die Teilnehmerinnen können nun zu den verschiedenen Plakaten gehen und die Sätze vervollständigen. Die Plakate werden danach an die Wand gehängt und vorgestellt.

■ 2. Phase: Arbeit mit den Texten

▷ Das Plenum teilt sich je nach Anzahl der Teilnehmerinnen in 3 oder 4 Kleingruppen auf. Die Leiterin sollte während der Gruppenarbeit signalisieren, daß sie für Verständnis- oder Rückfragen zur Verfügung steht. Jede Kleingruppe erhält in kopierter Form eine bestimmte Textstelle, so daß jeweils jede Teilnehmerin der Kleingruppe eine Kopie vor sich hat:
– Die erste Kleingruppe erhält Kopien mit folgenden Versen aus dem Buch der Sprichwörter: Spr 19,13; 21,9; 21,19; 25,24; 27,15 mit der Aufgabe, die Verse zu vergleichen und in Form eines Bildes dem Plenum vorzustellen, worum es in den Versen geht. Dazu erhalten sie ein großes Plakat. Weitere Fragen zur Diskussion in der Kleingruppe sind: Welches Frauenbild wird in diesen Texten transportiert? Des weiteren sollen sie sich überlegen, warum hier wohl ausgerechnet das Bild des defekten Hauses verwandt wird.
– Die zweite und dritte Kleingruppe erhalten den gleichen Auftrag, den sie allerdings mit verschiedenen Texten durchführen sollen, nämlich an Sir 25,13–18 die eine, an Sir 25,19–26 die andere Gruppe. Sie sollen zum einen erarbeiten, welche Aussagen hier zu Frauen gemacht werden, und sich zum anderen mit der Frage beschäftigen, wer hier im Mittelpunkt des Textes steht: Ist es der Mann oder die Frau? D.h. sie sollen nicht nur die Inhalte, sondern auch die Perspektive des Textes erarbeiten. Ihre Ergebnisse können sie wahlwei-

se graphisch auf Folie festhalten oder eine szenische Darstellung im Plenum zur Aufführung bringen, in der ein solcher Text gesprochen worden sein könnte.

– Eine vierte Kleingruppe erhält Kopien mit den Versen Sir 26,22–27 sowie eine Folie und Folienstifte. Die Kleingruppe erhält die Aufgabe, die Frauenbilder des Textes zu analysieren und auf einer Folie gegenüberzustellen. Sie soll sich fragen, welche Interessen der Text mit dieser Gegenüberstellung verfolgt.

▷ Die Kleingruppen berichten in einer kurzen Zusammenfassung darüber, mit welchem Text sie gearbeitet haben und um welche Inhalte es in ihm ging. Anschließend werden die Ergebnisse der Kleingruppenarbeit im Plenum vorgestellt. Gemeinsam wird darüber diskutiert:

– Was ist diesen Texten im Hinblick auf das Frauenbild gemeinsam?
– An wen sind diese Texte gerichtet? Welche Situation ist denkbar, in der solche Texte gesprochen werden?
– Welche Interessen könnten die biblischen Autoren mit diesen Aussagen verfolgen?
– Wie können und müssen wir Frauen uns heute zu diesen Texten verhalten?

3. Phase: Mit dem Bibeltext weitergehen

▷ Die auf Folie kopierte Skulptur „Die Schwätzerinnen" von Camille Claudel wird groß an eine Wand projiziert. Das Bild wird gemeinsam interpretiert: Was drückt sich darin aus: Frauen unter sich, Frauensolidarität, die Lust am Tratschen, Pläne schmieden, sich zuhören, schamlos sein (die Frauen sind nackt, sie brauchen sich ihres Körpers nicht zu schämen), frei und entledigt sein von gesellschaftlichen Konventionen etc.

▷ Die Teilnehmerinnen erhalten nun ein DIN-A4-Blatt mit der Kopie dieser Skulptur. Auf der Rückseite sollen sie nun einen Brief verfassen, der an die Tochter oder Freundin gerichtet ist und in dem diese darüber unterwiesen und beraten wird, warum es manchmal notwendig ist, als Frau zänkisch zu sein. Wenn Teilnehmerinnen Interesse haben, ihren Text vorzulesen, können sie dies tun. Ebenso besteht die Möglichkeit, darüber noch einmal ins Gespräch zu kommen.

Camille Claudel, „Die Schwätzerinnen", 1896 Gips; Genf, Musée d'Art et d'Histoire,
© VG Bild-Kunst, Bonn 1999

Sabine Bieberstein

Konflikte um das „Eine Notwendige"

Bibelarbeit zum Streit zwischen Marta und Maria (Lk 10,38–42)

Schmerzvolle Frauenerfahrungen

Kaum ein anderer Bibeltext provoziert Frauen zu solch heftigen und kontroversen Reaktionen wie die kleine Geschichte über Maria und Marta aus Lk 10,38–42. Viele Frauen identifizieren sich sofort mit einer der beiden Protagonistinnen. Häufig finden sie in einer der beiden Figuren ihre eigene Lebenssituation ausgedrückt, sei dies nun positiv oder negativ besetzt. Sie erkennen Konflikte und Rollenmuster wieder, in denen sie selbst stehen, oder sie verbinden mit einer der beiden Figuren ihre Wünsche nach Veränderung. Und oft genug entspinnt sich in der Gruppe selber ein Streit, in dessen Verlauf sich ein Teil der Frauen plötzlich in einer „Marta-Position" wiederfindet, während andere sich auf die Seite der Maria schlagen.

Vor allem in der Figur der Marta erkennen Frauen sofort die Grundkonflikte des Frauenlebens wieder: Da macht sich eine Frau furchtbar viel Mühe, damit der Gast anständig bewirtet werden kann – und steht damit ganz alleine da. Da macht sie ihrem Ärger Luft – und muß erfahren, daß die andere höher bewertet wird als sie selbst. Da macht sie einen Haufen notwendiger Arbeit – und muß sich am Schluß gefallen lassen, daß etwas anderes als „das Eigentliche" angesehen und ihre eigene Arbeit abgewertet wird.

Aber auch die Art und Weise, wie der Konflikt ausgetragen wird, ruft in vielen Frauen schmerzvolle Erinnerungen wach: nämlich dadurch, daß Maria und Marta den Streit nicht untereinander aushandeln, sondern daß eine der beiden Frauen versucht, eine männliche Autoritätsperson auf ihre Seite zu ziehen und auf diese Weise über ihre Schwester zu triumphieren.

Und schließlich befürchten viele Frauen – nicht zu Unrecht –, mit Hilfe dieses Textes könnte wieder das Ideal der demütig schweigenden, sich unterordnenden Frau propagiert, und starke Frauen wie Marta, die laut ihr Recht einfordern, könnten wieder in die Schranken verwiesen werden.

Für mich ist es wichtig, diesen Erfahrungen und Befürchtungen einerseits Raum zu geben, andererseits aber noch einmal genauer hinzuschauen und andere Dimensionen in diesem Text zu entdecken. Dazu möchte ich das, was die beiden Frauen tun, nochmals näher beleuchten.

Marta und die Gastfreundschaft im frühen Christentum

Marta – ihr Name heißt übersetzt „Herrin" – wird in dem Text als eine unabhängige, aktive, starke Frau beschrieben. Sie wird nicht, wie dies ansonsten in der Antike die Regel ist, über ein männliches Familienmitglied näher identifiziert, sondern allein durch ihren eigenen Namen und durch das, was sie tut. Sie ist die Hausherrin und kann offenbar ohne Probleme Gäste und sogar einen männlichen Ehrengast aufnehmen. Ähnliche Beispiele anderer Frauen in der Bibel – z. B. Lydia in Apg 16,14f – machen deutlich, daß dies den damaligen gesellschaftlichen Möglichkeiten von Frauen durchaus entspricht.

Um aber Martas Gastfreundschaft genügend würdigen zu können, müssen wir einen kurzen Blick zurück in die Jesusbewegung werfen: Mit Jesus sind zahlreiche Männer und Frauen aus Armut, Verschuldung und Aussichtslosigkeit aufgebrochen, um miteinander ihre Vision vom Reich Gottes zu verwirklichen und für Gerechtigkeit zu arbeiten. Indem sie das Brot und die Hoffnung miteinander teilten und Kranke heilten, wurde für sie die Nähe des menschenfreundlichen Gottes konkret erfahrbar. Auch später, zur Entstehungszeit des Lukasevangeliums (ca. 80–90 n. Chr.), gab es solche wandernden JesusbotInnen, die von Ort zu Ort zogen und die Nähe des Gottesreiches verkündeten. Wie lebensnotwendig für diese WanderprophetInnen Menschen waren, die ihnen die Tür öffneten und ihnen Unterkunft, Schutz und Verpflegung boten, zeigt z. B. die Aussendungsrede in Lk 10,1–12. Hier spiegeln sich nicht nur Erfahrungen aus der Zeit Jesu, sondern auch noch Erfahrungen jener späteren MissionarInnen bis zur Zeit des Lukas. Schmerzhafte Erlebnisse des Abgewiesenwerdens haben ihre Spuren in Geschichten wie Lk 9,51–56 hinterlassen, nach der ein ganzes samaritanisches Dorf Jesus und die Seinen nicht aufgenommen und sie so zum Weiterziehen gezwungen hat.

All das zeigt, daß Martas offene Tür auch nach der Wertung des Lukasevangeliums etwas Gutes und Richtiges und Notwendiges ist. Indem Marta Jesus gastfreundlich aufnimmt, wird sie zu einem positiven

Gegenbeispiel zu jenem ungastlichen samaritanischen Dorf. Indem sie ihr Haus öffnet, tut sie das, was in der Aussendungsrede indirekt gefordert wird, und sie wird so zu einer „Tochter des Friedens" (vgl. Lk 10,6).

Martas Arbeit wird also nach dem Lukasevangelium zunächst durchaus positiv bewertet. Es ist aber, als würde diese positive Sicht im Verlauf unserer Geschichte gebrochen. Ich glaube, daß dies in Vers 40 passiert. „Marta war ganz davon in Anspruch genommen, für ihn zu sorgen", heißt es in der Einheitsübesetzung. Eigentlich müßte man viel drastischer übersetzen, ungefähr so: „Marta wurde nach allen Seiten gezerrt vom vielen Dienen".

Obwohl das „Dienen" in den Evangelien grundsätzlich einen guten Klang hat und als Merkmal der AnhängerInnen Jesu gilt (vgl. Lk 22,24–27), ist es an unserer Stelle offensichtlich etwas, was Marta hin und her zerrt und sie so hindert, bei sich zu bleiben und sich auf das „Eigentliche" auszurichten. Dies scheint der Grund dafür zu sein, daß Martas Verhalten letztlich kritisch beurteilt wird.

Maria und das Hören auf das Wort Gottes

Maria erscheint in unserem Text als das völlige Gegenteil von Marta. Sie wird als zweite eingeführt und als Schwester von Marta identifiziert, die wohl ebenfalls in deren Haus wohnt. Im Unterschied zu ihrer Schwester, die Jesus einlädt und gastlich aufnimmt, die in Bewegung ist und redet, sitzt Maria still zu Füßen Jesu. Selbst auf die Vorwürfe ihrer Schwester reagiert sie nicht, sondern läßt Jesus sprechen. Also doch wieder das Ideal der schweigsamen, sich unterordnenden Frau?

Maria ist nicht die einzige Person im Neuen Testament, über die gesagt wird, sie säße zu Füßen einer anderen Person. Auch Paulus sagt nach Apg 22,3 über sich, er sei „zu Füßen Gamaliëls genau nach dem Gesetz der Väter ausgebildet". Damit stellt sich Paulus als Schüler des Rabbi Gamaliël dar; denn „zu Füßen eines Rabbi sitzen" ist eine Umschreibung dafür, zu diesem Rabbi in die Schule zu gehen und zu seinem Schülerkreis zu gehören. Das wiederum bedeutet, daß auch Maria in unserem Text nach Art einer Rabbinenschülerin dargestellt ist. Daß Frauen sich in der Tora ausbilden ließen, war im Judentum zur Zeit Jesu nicht ausgeschlossen, wohl aber eher eine Ausnahme. Maria, die zu Füßen Jesu sitzt und seinen Worten zuhört, verkörpert also keinesfalls Unterordnung und Passivität, sondern im Gegenteil die für Frauen unkonventionelle Lebensform einer Rabbinenschülerin.

Auch das zweite, das über Maria gesagt wird, das „Hören auf das Wort" Jesu, hat eine große Bedeutung im Lukasevangelium. Immer wieder wird gefordert, auf dieses Wort zu hören. Stets aber ist das Hören mit dem Tun verbunden (vgl. Lk 8,15.21), so daß auch mit diesem Motiv unserer Geschichte nicht die Passivität Marias ausgedrückt wird, sondern etwas, was der ideale Jünger oder die ideale Jüngerin tut. Hören und Befolgen des Wortes gehören unauflöslich zusammen. Zum Hören gehört das Fruchtbringen, und dies ist so wichtig, daß diejenigen, die dies tun, sogar selig gepriesen werden: „Selig sind die, die das Wort Gottes hören und befolgen!" (Lk 11,28)

Die viele berechtigte Arbeit – und das „Eine Notwendige"

Der Schlüssel zu dem Konflikt, in den die beiden Frauen geraten, liegt in der Spannung zwischen dem „vielen Dienen" (V. 40) oder auch „vielen Sorgen" (V. 41), von dem sich Marta „nach allen Seiten zerren" läßt, und dem „Einen Notwendigen", von dem Jesus in seiner Antwort an Marta spricht.

Was Marta tut, ist ja an sich richtig und gut. Indem Marta sich in die viele Arbeit stürzt, tut sie etwas, was zur Versorgung des Gastes ja absolut nötig ist. Gleichzeitig erfüllt sie vermeintliche oder tatsächliche Erwartungen an sie als Hausherrin und dazu noch als gute Hausfrau und Christin. Angesichts des Kommens Jesu und des Reiches Gottes aber, so macht der Text deutlich, werden solche Rollenzuschreibungen und -erwartungen zweitrangig. Da gibt es nichts und niemanden mehr, von dem sich Menschen hin und her zerren und aufreiben lassen müssen. Da ist etwas anderes notwendig.

Der „gute Teil", von dem Jesus spricht und den sich Maria ausgewählt hat, will nicht die Arbeit der Marta abwerten, sondern er will befreien. Befreien vom ständigen Sorgen- und Dienen-müssen, das vor allem den Frauen aufgebürdet wird. Er will befreien von festen und erstickenden Rollenerwartungen, in die viele Frauen gedrängt werden. Er will ein Stück Sorglosigkeit (vgl. Lk 12,22–32) ermöglichen und die Freiheit, in jedem Moment des Lebens das „eine Notwendige" zu erkennen und zu tun, so wie es Maria in unserer Geschichte gelingt.

Eigentlich könnte es eine sehr befreiende Geschichte für Frauen sein. Doch die Wirkungsgeschichte zeigt, daß die Tatsache, daß die Episode über zwei *Frauen* erzählt wird, eher negative Folgen für Frauen hatte. Oft genug wurden verschiedene Lebensformen von Frauen gegeneinander ausgespielt und vor allem in den religiösen Traditionen des Mittelalters die beschauliche Lebensform, die vita contemplativa, höher bewertet als die aktive. Mit Hilfe dieses Textes wurde Frauenarbeit abgewertet und mit ihr auch die Frauen selber. Oder der Text wurde auf einen „Tadel an Martas hausfraulicher Geschäftigkeit" reduziert, die befreiende Stoßrichtung hingegen gänzlich vernachlässigt.

Es ist ein vorschneller Trugschluß, wenn Marta mit „Familienfrauen" und Maria mit „Bildungsfrauen" oder „Berufsfrauen" gleichgesetzt werden. Oft genug aber identifizieren sich Frauen der jeweiligen Berufsgruppen sofort mit der entsprechenden Protagonistin und betrachten von dort aus argwöhnisch die jeweils andere Lebensform. Diese unselige Gegenüberstellung gilt es aufzubrechen. Feste Rollenzuweisungen und ein Sich-aufreiben unter der Last der Arbeit und der Vielzahl von Erwartungen gibt es in allen Lebensformen. Der Text fordert nicht einfach Hausfrauen dazu auf, ihre Kochlöffel beiseite zu legen, sondern lädt alle Menschen ein, sich auf das „Eine Notwendige" ihres Lebens zu besinnen, und er eröffnet die Möglichkeit, allen Rollenerwartungen zum Trotz dieses „Eine Notwendige" auch zu verwirklichen. Dabei aber können sich gerade Frauen gegenseitig ermutigen und bestärken und miteinander frauen-, kinder- und schöpfungsgerechte Lebensformen entwickeln und erproben.

Bibelarbeit

1. Auf den Bibeltext zugehen

▷ Die Leiterin liest den Text Lk 10,38–42 vor. Anschließend lädt sie die Teilnehmerinnen ein, die eben gehörte Szene zu gestalten:
  - *Variante A*: Die Teilnehmerinnen stellen die Szene mit Hilfe von biblischen Figuren, die die Leiterin in der Mitte bereitgestellt hat.
  - *Variante B*: Die Teilnehmerinnen gestalten ein Standbild mit Hilfe von anwesenden Frauen oder zeichnen eine Skizze.

Bei beiden Varianten ist wichtig, daß die Teilnehmerinnen sich genau überlegen, welche Körperhaltung sie den einzelnen Figuren zuordnen und warum.

▷ In einem anschließenden Gespräch haben die Teilnehmerinnen Gelegenheit, auf die gestellte Szene und den Text zu reagieren und ihre Gefühle zu äußern. Wenn die Variante B gewählt wurde, sollten die am Standbild beteiligten Frauen in einer eigenen Runde berichten, wie es ihnen in der ihnen zugewiesenen Körperhaltung ging.

2. Auf den Bibeltext hören

▷ Nun wird ein Textblatt verteilt und der Text noch einmal vorgelesen, evtl. mit verteilten Rollen.

▷ Es folgen gezielte Textbeobachtungen anhand folgender Fragen:
 – Welche Tätigkeiten und Eigenschaften kennzeichnen Marta? Wie wird sie charakterisiert?
 – Welche Tätigkeiten und Eigenschaften kennzeichnen Maria? Wie wird sie charakterisiert?

▷ Die jeweiligen Tätigkeiten und Eigenschaften werden gut sichtbar auf Kärtchen oder Zettel geschrieben (zwei verschiedene Farben für Maria und Marta verwenden, pro Eigenschaft ein Kärtchen beschriften) und entweder zur zugehörigen biblischen Figur (bei Variante A) oder um beschriftete Namensschilder (bei Variante B) in die Mitte gelegt.

▷ In vier Untergruppen versuchen die Frauen anhand von weiteren Bibelstellen herauszufinden, was sich hinter folgenden Begriffen verbirgt (dazu Kärtchen mit den vier Begriffen und den zugehörigen Bibelstellen vorbereiten):
 – „Eine Frau namens Marta nahm ihn freundlich auf" – vgl. Lk 9,51–56; 10,1–12: Was ist die Bedeutung der Gastfreundschaft?
 – „Maria setzte sich zu Füßen Jesu" – vgl. Apg 22,3, evtl. auch 2 Kön 4,38; 6,1; Lk 2,46; 8,35
 – „Maria hörte seinen Worten zu" – vgl. Lk 8,15.21; 11,28
 – „Marta, Marta, du machst dir viele Sorgen und Mühen" – vgl. Lk 12,22–31, bes. V. 31: Was bedeutet das Sorgen?

▷ Die Untergruppen stellen sich gegenseitig die Ergebnisse vor.

▷ Anschließend Gespräch:
 – Worin besteht genau der Konflikt? Wie nimmt Jesus Stellung?
 – Wozu lädt der Text ein?

3. Mit dem Bibeltext weitergehen

▷ Die Teilnehmerinnen überlegen in Kleingruppen, was das „Eine Notwendige" heute, in ihrem Leben, bedeuten könnte.
▷ Dann nimmt sich jede Frau noch einmal Zeit für sich selber und notiert auf zwei Zetteln unterschiedlicher Farbe:
  – Was wünsche ich mir für mich selber, um das „Eine Notwendige" zu erkennen und zu tun? Welche Schritte möchte ich in nächster Zeit tun?
  – Was brauche ich dazu von anderen (Frauen)?
▷ Im abschließenden Plenum lesen die Frauen – soweit sie möchten – ihre Gedanken vor und legen die Zettel in die Mitte.
▷ Abschließend wird ein Ermutigungstext vorgelesen:

> fallt aus der Rolle
> fallt aus der Rolle
> fürchtet euch nicht
> werdet zu Menschen
> die sich trauen
> werdet freie Frauen
> Gott hat uns nicht zu Puppen bestimmt
> im Marionettenspiel
> das Leben gestalten und tragen
> die eigenen Schritte wagen
> fallt aus der Rolle
> fürchtet euch nicht
> werdet zu Menschen
> die sich trauen
> werdet freie Frauen
> Gott hat uns nicht an Ketten gelegt
> als Schmuckstück und Magd für Herren
> die Gaben entfalten und handeln
> das Sterben in Zukunft verwandeln
> fallt aus der Rolle
> fürchtet euch nicht
> werdet zu Menschen
> die sich trauen
> werdet freie Frauen

(*Christa Peikert-Flaspöhler*, in: Heut singe ich ein anderes Lied – Frauen brechen ihr Schweigen. Theologie konkret Bd. 3, Rex Verlag, Luzern 1992)

Dieter Bauer

Frauenstreit in Philippi?

Ein Kommentar zu Phil 4,2

„Ich ermahne Evodia, und ich ermahne Syntyche, einmütig zu sein im Herrn", so schreibt der Apostel Paulus an seine „Lieblingsgemeinde" nach Philippi (4,2). Leider wissen wir von diesen beiden Frauen nur die Namen und das, was Paulus in den folgenden Versen noch von ihnen erwähnt: *„Sie haben mit mir für das Evangelium gekämpft zusammen mit Klemens und meinen anderen Mitarbeitern. Ihre Namen stehen im Buch des Lebens"* (4,3). Johannes Chrysostomus († 407) haben diese Bemerkungen des Apostels immerhin dazu bewogen, die beiden für die „Hauptpersonen der Gemeinde" zu halten. Hat sich diese Wertung durchgehalten? Oder mußten auch diese beiden Frauen das Schicksal vieler anderer erleiden, die durch die Auslegungsgeschichte der Jahrhunderte aus ihrer Position verdrängt wurden?

Wenn man als Ausleger nicht viel weiß, neigt man zu Spekulationen. Und diese Ermahnung des Apostels hat im Laufe der Auslegungsgeschichte zu den wildesten Spekulationen über den Anlaß der oben zitierten apostolischen *Ermahnung* geführt (Spekulationen über den Anlaß des paulinischen *Lobes* gab es bezeichnenderweise weit weniger!).

Frauen-Streit

Eine kleine „Blütenlese" aus Kommentaren zum Philipperbrief: „... sie waren noch nicht so weit in den Geist des Christentums eingedrungen, daß sie es hinreichend verstanden hätten, ihren persönlichen Ehrgeiz, kleinliche Eifersüchteleien, selbstgefällige Ehrsucht aus dem Herzen zu verbannen" (Baur 1914). Oder ein anderer Ausleger: „Zwischen ihnen war eine Spannung aufgetreten. Irgendeine Zurücksetzung, Eifersüchtelei oder Kränkung hatte sie entzweit. Zum Schaden der Gemeinde kam es zu offenem Zank und Streit, zu gegenseitiger Beargwöhnung und ungerechtem Urteil." Der Ausleger phantasiert weiter über die Situation bei der Verlesung des Briefes in Philippi: „Der Saal war gedrängt voll. Auch die beiden Frauen waren anwesend. Sie hatten sich wohl in verschiedene Ecken gesetzt, möglichst weit auseinander. Wie mag ihnen da das Blut ins Gesicht gestiegen sein, als mit einem Male die Stimme des Vorlesers durch den Saal hallte: 'Evodia ermahne ich, und Syntyche ermahne ich, eines Sinnes zu sein im Herrn.' Das war eine tiefe Beschämung für die beiden Frauen, aber sie konnte ihnen nicht erspart bleiben. Da sie der Gemeinde so lange Ärgernis gegeben hatten, mußten sie auch vor der Gemeinde diese Mahnung hören" (Rösch 1933).

Der Ausleger scheint genau zu wissen, wie das ist, wenn Frauen streiten!

Der Friedensstifter

Demgegenüber wird stets die Position des im folgenden Vers 4,3 genannten Mannes „Syzygos" (ein sonst nicht belegter Eigenname oder einfach „treuer Gefährte", wörtlich: „Jochgenosse") hervorgehoben. Ihn bittet der Apostel: „Nimm dich ihrer (d.h. der beiden Frauen) an." Von diesem „Syzygos" wissen wir absolut nichts, vielleicht nicht einmal den Namen. Und doch lassen sich die Kommentare ausführlich darüber aus, wer dieser „Friedensstifter" wohl gewesen sei: „wo nicht Presbyter der Gemeinde, doch ein ausgezeichneter Mann" (Matthies 1835), „vermutlich Bischof von Philippi" (Pfaff 1931). Auch der Name „Jochgenosse" reizt zu Spekulationen: „Du, Syzygos, Zusammenjocher, sei ein echter Syzygos und joche diese beiden Frauen wieder zusammen! Bring sie dahin, daß sie wieder an einem Joch gehen und am gleichen Strick ziehen" (Pfaff 1931).

Ins Joch!

Spätestens hier taucht vor meinen Augen ein mittelalterliches Bild auf: „Zänkische Weiber" wurden an den Pranger gestellt. Es gab die speziell für diesen Anlaß gefertigte „Doppelgeige", eine Art Joch, in welches Hals und Hand der beiden Frauen eingespannt wurden, so daß sie sich auf diese Art und Weise zur Belustigung der Massen stundenlang gegenüberstehen mußten. Ist es das, was die Ausleger vor sich sehen?

Zugegeben: Die ausgewählten Auslegungen sind alle schon ziemlich alt. Aber sind heutige Kommentare zum Philipperbrief wirklich anders? Nicht allzu sehr:

Noch immer nimmt die Überlegung, wer denn dieser „Syzygos" gewesen sei, quer durch alle Kommentare wesentlich mehr Raum ein, als die Nachfrage nach den beiden Frauen.

Noch immer kann man sich eine leitende Position beim Mann „Syzygos" eher vorstellen.– „einer jener Männer, die zu den Episkopen und Diakonen gehörten, ... zum Vorsteherkreis" (Gnilka 1968), als bei den beiden Frauen.

Noch immer schießen Spekulationen ins Kraut über die Stellung der streitenden Frauen: Die beiden Frauen seien „Helferinnen im Gemeindeleben", Syzygos „vielleicht der 'Amtsbruder'" (Ernst 1974) des Paulus. Immerhin hält der selbe Kommentator die Vermutung von „Pflichtenkollisionen von Gemeindehelferinnen" als Ursache für den Frauenstreit für „wenig begründet". Einer der neuesten Kommentare (Walter 1998; NTD 8/2) bietet den Höhepunkt. Die eine könnte die aus der Apostelgeschichte bekannte „Lydierin" (16,11–40) gewesen sein, die andere „eine ihrer Sklavinnen im Geschäft".

Schlußüberlegung

Bernadette Brooten, eine in der Frauenforschung tätige Exegetin, war es, die mich auf diese Stelle im Philipperbrief vor vielen Jahren aufmerksam gemacht hat. Sie sagte damals sinngemäß: „Bei zwei Frauen können sich die Ausleger nur Weibergezänk vorstellen. Stünden hier zwei Männernamen, dann gäbe es wilde Spekulationen darüber, über welch wichtige theologische Positionen diese beiden wichtigen Führungspersönlichkeiten wohl aneinandergeraten wären." Dem ist auch aus heutiger Sicht nichts hinzuzufügen.

ZUM MONAT NOVEMBER/ADVENT

Bettina Eltrop

Streitbare Mädchen

Das Gleichnis von den zehn Jungfrauen (Mt 25,1–13)

Das Gleichnis von den zehn Jungfrauen, in dem zehn streitbare junge Mädchen im Mittelpunkt stehen, ist Evangelientext einer der letzten Sonntage des Lesejahres A (32. Sonntag im Jahreskreis). Dieser Text schneidet Themen an, die auch in der folgenden Adventszeit eine Rolle spielen: Wachsamkeit, Warten, Sich-Vorbereiten. Die folgende Auslegung und Bibelarbeit eignet sich darum sowohl zur Vor- oder Nachbereitung dieses Novembersonntags als auch für eine Besinnung in der Adventszeit.

Himmelreich und der Duft nach Hochzeit

Zehn Jungfrauen stehen im Mittelpunkt dieses Gleichnisses. Sie handeln, schlafen und diskutieren im Kontext einer orientalischen Hochzeit, und ihr Handeln, so sagt der Text, ist unmittelbar transparent für die Gottesherrschaft: *Dann wird die Königsherrschaft der Himmel zehn Jungfrauen gleichen, die ihre Lampen nahmen und hinausgingen, dem Bräutigam entgegen.* (Mt 25,1 eigene Übersetzung)

Das Wort „Jungfrau" bezeichnet in der damaligen Zeit Mädchen bzw. junge Frauen, die noch unverheiratet waren, die meist unter zwölfeinhalb Jahre alt und damit in bezug auf ihre Verheiratung noch von ihrem Vater abhängig und die noch unberührt, also „biologische Jungfrau" waren. Eine Gruppe von zehn solchen sehr jungen Frauen / Mädchen zieht – so stellt es der einleitende Vers vor – dem Bräutigam einer Braut entgegen. Ihre Aufgabe ist es, seinen Weg in das Haus der Braut bzw. ihres Vaters zu begleiten und zu erleuchten (VV. 1–6.10), vielleicht sogar, mit ihren brennenden (Fackel)-Lampen auf diesem Weg einen Hochzeitstanz zu tanzen. Es handelt sich bei diesem Weg, den die Mädchen im Gleichnis beleuchten und begleiten sollen, um die letzte Etappe einer Verheiratung, die damals mit der Verlobung begann und ca. ein Jahr später mit der Heimholung der Braut durch den Bräutigam abgeschlossen wurde. Um diese Heimholung scheint es hier im Gleichnis zu gehen. Die Jungfrauen sollen mit ihren Lampen den Bräutigam auf seinem Weg zum väterlichen Haus der Braut begleiten.

Daß Himmelreich etwas mit Hochzeit, mit Einladung und Fülle und Freude eines großen Freudenfestes zu tun hat, das wissen wir aus vielen anderen neutestamentlichen Stellen, doch daß es auch mit dem Verhalten von zehn jungen Mädchen bei einem Ritual dieser Feierlichkeit und dem Duft und Schein ihrer brennenden Lampen in dunkler Nacht zu tun hat, das können wir neu entdecken.

Dumme Mädchen, kluge Mädchen (Mt 25,2)

Die erste Freude über die Entdeckung von zehn jungen Mädchen als Hauptagentinnen in einem Himmelreichs-Gleichnis bekommt schnell einen Dämpfer. Schon im nächsten Vers werden sie nämlich in zwei Kategorien eingeteilt: *Fünf von ihnen waren töricht; und fünf waren klug* (25,2). Die beiden nächsten Verse erläutern, warum die einen töricht, die anderen klug waren: Die törichten Jungfrauen hatten nur ihre Lampen mitgenommen, die klugen aber außerdem noch Öl. Da regt sich doch bei Frau der Verdacht, daß jetzt ein Lehrstück über richtiges Mädchenverhalten kommen wird. Denn mit solchen Gegenüberstellungen sind wir doch erzogen worden: Ein gutes/braves Mädchen tut dies und das, bzw. dies und jenes zu tun / oder zu unterlassen, ziemt sich für ein ordentliches Mädchen nicht. Und der Ärger steigt noch: Der Bräutigam kommt zu spät, und die Frauen müssen es ausbaden – oder?

Weil der Bräutigam auf sich warten läßt, schläft die gesamte Mädchengruppe ein. In dieser Darstellung spiegelt sich vielleicht die Situation der matthäischen Gemeinde: In der Gemeinde wurde der Bräutigam mit Jesus identifiziert, von dem die Gemeinschaft glaubt, daß Gott ihn auferweckt und zum Christus gemacht hat. Auf seine Wiederkunft warten und hoffen die Menschen, doch die Parusie verzögert sich, läßt länger auf sich warten, als gedacht. Die Menschen in der Gemeinde lassen nach, auf Jesus zu warten. Dabei gibt es welche, die sich gut auf die Ankunft Christi vorbereitet haben, sie sind bereit, schätzen die Situation realistisch ein und rechnen mit der Möglichkeit, daß die Wiederkunft Christi sich verspäten würde. Es geht in diesem

Gleichnis also nicht eigentlich um Wachsein (V. 13), sondern um das Bereitsein – und wie wir sehen werden, um Klugsein, „Helle"-Sein in der Nachfolge Jesu.

Streitbare Mädchen

Mitten in der Nacht erhebt sich plötzlich ein Geschrei, daß der Bräutigam jetzt käme. Die Mädchen erwachen und bereiten ihre Fackellampen. Da bemerken die „dummen" Mädchen, daß ihr Öl vermutlich für den Zug nicht ausreichen wird. In den Versen 8 und 9 finden wir ein Gespräch zwischen den beiden Mädchengruppen, das sich lohnt, einmal genauer anzusehen:

[8]Die Dummen sagten aber zu den Klugen: Gebt uns von eurem Öl, sonst verlöschen unsere Lampen! [9]Die Klugen aber antworteten und sagten: Dann wird es kaum für uns und für euch reichen! Geht lieber zu den Händlern und kauft für euch selbst!

In der feministischen Exegese wird schon lange und wiederholt darauf hingewiesen, daß die Stimme der Frauen in den biblischen Texten kaum zu vernehmen ist. Hier ist es anders, sogar beide Mädchengruppen kommen zu Wort: Die dummen Mädchen fordern/bitten die anderen um Öl, aber die klugen Mädchen weigern sich zu teilen und empfehlen den anderen, Öl zu kaufen. Unsolidarisch mit der anderen Mädchengruppe, die dann tatsächlich losgelaufen und auf den Markt gegangen ist, ziehen die Klugen, als der Bräutigam kommt, mit diesem in das Haus ein und feiern das Hochzeitsfest, während die anderen draußen stehen (V. 10ff); – ein solches Verhalten wird gelobt?

Doch halt. Was war mit dem Verdacht, daß durch die Aufteilung der beiden Mädchengruppen in dumm und klug (für patriarchale Gesellschaften) positives Mädchenverhalten eingeschärft werden sollte? Sind es vielleicht nur wir Leserinnen, die den klugen Mädchen eigentlich dieses harmonisierende Mädchenverhalten aufdrücken möchten: teilen, solidarisch sein – erst recht mit anderen Mädchen und Frauen, auch um den Preis des eigenen Schadens. Doch dieses angepaßte und liebe Mädchenverhalten lobt der Text gerade nicht!! Ist die Bibel denn schon weiter als wir heutigen Frauen?...

Die Gruppe der klugen Mädchen zeichnet sich im Gleichnis erstaunlicherweise nicht durch Eigenschaften aus, die typisch für brave, fügsame Mädchen sind. Vielmehr zeigen die Klugen Eigenschaften, die eher emanzipatorischen Charakter tragen. Nicht Fügsamkeit, Harmonie und Selbstlosigkeit werden gefordert, sondern Klugheit und rechtes Tun, Eigenständigkeit und Verantwortung übernehmen für das eigene Handeln – und das bei Mädchen.

Die überraschende Eigenständigkeit der Mädchen wird vor allem sichtbar in dem Dialog, den sie führen. Hier treffen wir auf eine erstaunliche Argumentationsweise. So zeigt die zurückweisende Antwort der klugen Mädchen in V. 9 eine bemerkenswerte Weitsicht. Sie verweigern den anderen Mädchen ihre Solidarität mit der Begründung, dann würde der Ölvorrat ja für keinen mehr reichen. Die mangelnde Bereitschaft zu teilen ist also gut begründet. Die Klugen empfehlen den anderen Mädchen darüber hinaus eine andere Lösung des Problems: „Geht lieber zu den Verkäufern und kauft für euch selbst." (V. 9)

Klug (griechisch *phronimos*) zu sein ist im Matthäusevangelium eine Forderung, die häufig im Zusammenhang mit Nachfolge gebraucht wird (vgl. z.B. Mt 10,16; 7,24). Es kennzeichnet das rechte Handeln (Mt 7,24; 24,45; 25,2ff) und das vorausschauende Handeln über den jetzigen Moment hinaus (7,24f; 25,4ff) als das Handeln, das in der Nachfolge Jesu gefragt ist.

Das Gleichnis will den JesusnachfolgerInnen in der matthäischen Gemeinde offensichtlich also sagen: Jede(r) kann wie die jungen Mädchen das Reich Gottes verfehlen oder gewinnen. Alle Menschen, auch junge Mädchen, sind für ihr Tun, auch für ihre Nachfolge selbst verantwortlich.

Unsolidarisches Handeln? Eine Lesehilfe aus Nicaragua

Eines meiner Lieblingsbücher zur Bibel ist das von Ernesto Cardenal dokumentierte und herausgegebene „Evangelium der Bauern von Solentiname". Im Gespräch der einfachen Bauern aus Nicaragua über dieses Gleichnis lese ich, wie sie das in meinen Augen unsolidarische Verhalten der Klugen und vor allem die Rolle der Dummen sehen:

„Oscar: – Diese zehn Mädchen sind wir alle, und so, wie es in diesem Beispiel fünf und fünf sind, so gibt es auch unter den Christen welche, die für die Gerechtigkeit sind, und andere, die nicht dafür sind. Und wenn der Bräutigam kommt, dann wollen die, die es mit der Ungerechtigkeit halten, schnell ihre Lampen mit Liebe füllen, aber dann ist es zu spät ...

Laureano: – Es gibt Jungen, die früher Revolutionäre waren, die sogar in der Guerilla waren, die es dann aber leid wurden. Sie sind jetzt so weit von ihren früheren Idealen entfernt, daß sie nur noch ans Geldverdienen denken. Ich glaube, denen ist auch das Öl ausgegangen.

Ein anderer Junge: – Im Evangelium ist von jungen Mädchen die Rede, vielleicht darum, weil sich dieses Gleichnis vor allem an die Jugend richtet: Es ist die Jugend der Menschheit, die mit der Lampe in der Hand wartet.

Olivia: – Das Gleichnis richtet sich an alle, an die Alten und die Jungen. Auch wir Älteren müssen die Hoffnung lebendig halten, genau wie die Jungen.

Alejandro, ihr Sohn: – Gerade darum ist ein junger Reaktionär wirklich unverzeihlich.

Oscar: – Ein junger Mensch, dem das Öl ausgeht, ist in Wirklichkeit alt. Das Licht löscht aus, die Liebe geht verloren ... Er hat kein Licht mehr für das große Fest (S. 506–508)."

Als ich diese Dialoge las, fiel mir auf, daß ich selbst den törichten Mädchen bislang keine Aufmerksamkeit geschenkt hatte. Die Bauern und Bäuerinnen von Solentiname hatten aus ihrer Erfahrung aber gleich konkrete Menschen vor Augen: Christinnen, die nicht am Einsatz für mehr Gerechtigkeit mitarbeiteten, deren frühere Ideale „ausgebrannt waren" und die nun sogar dem System der Ungerechtigkeit, dem reinen Geldverdienen, huldigten.

Und tatsächlich, wenn ich mir den Dialog und insbesondere die einleitende Bitte der Dummen nochmals ansehe, so bemerke ich, daß es sich gar nicht um eine Bitte/Frage handelte, sondern um einen Befehl, eine Forderung: *Gebt uns!*

Haben die Bauern von Solentiname besser als ich gespürt, daß es auch unter (jungen) Christinnen häufig heißen muß: Sei klug und aufmerksam gegenüber den Argumenten der anderen?

Gottes Geschichte geht weiter

Wozu kann uns das Beispiel dieser unbequemen/klugen Mädchen heute bewegen? Vielleicht fordert es uns auf, auch heute in der Nachfolge Jesu klug, aufmerksam und wachsam zu sein. Vielleicht ruft es uns sogar, mutig hinaus in die Dunkelheit zu gehen mit allen unseren spirituellen Vorräten, die wir noch haben. Und vielleicht fordert es uns heraus, auch wenn wir und unsere eigene Glaubensgemeinschaft schon schläfrig geworden sind, uns von der Botschaft noch wecken und betreffen lassen und zu handeln und streiten – mit den einen Frauen in der Nacht feiern und die anderen ziehen lassen? Und sollten wir Mädchen/Jugendlichen in unseren Kirchen vielleicht mehr Eigenverantwortlichkeit zumuten und zutrauen?

Vielleicht können wir das Gleichnis heute so übertragen. Doch erinnern möchte ich daran, daß es auch noch die Möglichkeit gibt, sich mit dem Schluß, der das Hochzeitsfest in eine Gerichtsszenerie verwandelt, nicht abzufinden und dieses Gleichnis in gut jüdischer Tradition weiterzuspinnen. Der griechische Schriftsteller Nikos Kazantzakis erzählt den Schluß des Gleichnisses in folgender Weise neu:

„Was würdest du tun, wenn du der Bräutigam wärest, Nathanael?", fragte Jesus und richtete seine großen dunklen Augen auf ihn. Nathanael schwieg. Er sah noch nicht ganz klar, was er tun sollte ...

„Ich würde öffnen ...", sagte er leise, damit der Dorfälteste ihn nicht hören sollte. Er konnte seinem Blick nicht widerstehen.

„Recht getan, Nathanael", sagte Jesus froh und streckte seine Hand aus, als ob er ihn segnete. „In dieser Stunde bist du lebendigen Leibes ins Paradies eingegangen." Das gleiche tat auch der Bräutigam. Er rief den Dienern zu: „Öffnet das Tor, dies ist eine Hochzeit, alle sollen essen und trinken und fröhlich sein! Laßt die gedankenlosen Jungfrauen hereinkommen und sich die Füße waschen, denn sie sind weit gelaufen!" (Nikos Kazantzakis, Die letzte Versuchung, München 1988, 215f)

Ich persönlich traue übrigens „den Klugen", diesen streitbaren Mädchen, die mit dem Bräutigam auf dem Fest sind, durchaus zu, daß sie für die anderen fünf Mädchen eintreten könnten und den Bräutigam mit einem souveränen Argument wie „in unserem Dorf feiern wir keine Hochzeit mit verschlossenen Türen" zum Nachdenken bewegen. Oder vielleicht schlagen sie ihm vor, ob sie nicht doch noch einmal den Lichterzug mit allen zehn Mädchen tanzen könnten, denn den hätten sie ja schließlich wochenlang für das heutige Fest geübt.

LITERATUR

Altweg, Leni, Ärger mit den fünf törichten Jungfrauen. Die Drohung der verschlossenen Tür, in: Karin Walter (Hg): Frauen entdecken die Bibel, Freiburg, Basel, Wien 5. Aufl. 1986, 139–144.
Cardenal, Ernesto (Hg.), Das Evangelium der Bauern von Solentiname, Wuppertal 3. Aufl. 1991.
Eltrop, Bettina, Denn solchen gehört das Himmelreich. Kinder im Matthäusevangelium. Eine feministisch-sozialgeschichtliche Untersuchung, Stuttgart 1996.

Die Mitte ist folgendermaßen gestaltet: Auf einem Tuch befinden sich eine geöffnete Bibel mit der Stelle Mt 25,1–13 aufgeschlagen, brennende Teelichter und ein Papierband, auf dem steht: „Dann wird es mit dem Himmelreich sein wie ...“

1. Auf den Bibeltext zugehen

▷ Zu Beginn tanzen die Frauen entweder im Kreis oder als Kette den Lichtertanz Navidadau. Dabei liegt die linke Hand auf der linken Schulter der linken Nachbarin, in der rechten Hand tragen die Frauen ein Teelicht, das sie aus der Mitte aufgenommen haben und dahin nach dem Tanz wieder ablegen.

Navidadau
– Musik: *Olivia Molina*, Gloria, weihnachtliche Musik aus Lateinamerika, Verlag Friedel Bauschke, Hamburg.
– Choreographie: *Gabriele Wosien* nach einem provenzalischen Hirtentanz, nachzulesen in: „Tanz und Gebet" von M.-G. Wosien.
– Tanzbeschreibung: Die Tänzerinnen stellen sich zu einem geschlossenen Kreis auf und blicken mit dem Gesicht zur Kreismitte. Die rechte Hand liegt dabei auf der linken Schulter der rechten Nachbarin. Die linke Hand wird seitlich gehalten und trägt ein Licht.
Der linke Fuß beginnt, mit dem Einsatz der Flöte, eine Kreuzform zu tippen, in deren Mittelpunkt die Tänzerin steht. Es wird links vor, links seit, links rück getippt und dann der linke Fuß wieder an den rechten gestellt. Dann tippt der rechte Fuß vor, seit, rück und stellt sich wieder an den linken Fuß. Das Kreuzmotiv wird zweimal getanzt.
Nun folgen vier Anstellschritte gegen Tanzrichtung. Der linke Fuß wird seitlich gesetzt – der rechte angestellt, links seit – rechts angestellt, links seit – rechts angestellt, links seit – rechts angestellt.
Die Frauen tragen auf diese Weise ein Licht ins Ungewisse, der Dunkelheit entgegen.

(Nicole Reinhard)

▷ Die Leiterin führt ein, daß es heute um ein Reich-Gottes-Gleichnis gehen soll und zwar um das Gleichnis von den zehn Jungfrauen. Sie bittet die Frauen, Zweiergruppen zu bilden und sich das Gleichnis gegenseitig zu erzählen.

2. Den Bibeltext begreifen

▷ Der Bibeltext wird in der Großgruppe gelesen. Die Frauen vergleichen nun wieder zu zweit, welche Unterschiede zwischen ihrer Erzählung des Gleichnisses und dem Bibeltext bestehen. Danach wird der Text nochmals mit verteilten Rollen gelesen. Falls die Frauengruppe sehr groß ist, kann auch eine Doppelbesetzung stattfinden: Eine Gruppe übernimmt es, die Rollen zu lesen, die andere spielt die Rollen während des Lesens pantomimisch mit.

▷ Für das auswertende Gespräch in der Großgruppe können folgende Fragen hilfreich sein:
– Was ist mir nun noch einmal neu an dem Text aufgefallen?
– Was ärgert mich an dem Text? Was finde ich gut?
– Wie beurteile ich das Verhalten der Mädchen?
– Was will das Gleichnis aussagen?

3. Mit dem Bibeltext weitergehen

▷ Die Frauen diskutieren abschließend die Frage: Wozu regt mich das Gleichnis in meiner Situation als Frau in der Kirche und als Frau in einer Frauengemeinschaft an?

▷ Alternative: Die Frauen erzählen einen neuen Schluß zu dem Gleichnis oder schreiben ein neues Gleichnis für ihre eigene Gemeinde. Ihr Gleichnis beginnt wie der biblische Text (Einheits-Übersetzung) mit „Dann wird es mit dem Himmelreich sein wie ..."

▷ Zum Abschluß nehmen die Frauen noch einmal die Lichter auf zum Tanz „Navidadau".

Gabriele Fischer

Jede von uns ist anders!

Erfahrungen aus Frauengruppen

„Um groß zu werden – in jeglichem Sinn – braucht eine Frau eine andere Frau, die größer ist als sie" (Libreria delle donne di Milano).

Bei diesem Satz kommen vielen Frauen Gedanken und Erinnerungen an die erste Frau in ihrem Leben, ihre Mutter. Sie hat uns im besten Sinn des Wortes großgezogen. Bewußt und unbewußt hat sie uns viel übers Frausein und die Qualitäten, die in Beziehungen zwischen Frauen möglich sind, vermittelt.

Die Spannbreite dieser Qualitäten liegt von Freundin bis Konkurrentin, von aufbauen bis niedermachen (abwerten/mißachten). Und dennoch wird da immer trotz aller Spannungen eine tiefe Verbindung sein. Diese Erfahrung ist für mich Urbild und Abbild dafür, daß Frausein uns trotz aller Unterschiedlichkeit verbinden kann!

„Um groß zu werden ..." Der eingangs zitierte Satz ist Kernsatz einer Veröffentlichung der Frauen des Mailänder Frauenbuchladens, wobei das Schlagwort „Affidamento" noch bekannter als der Kernsatz selbst geworden ist. Affidamento! Das italienische Wort 'affidarsi' bedeutet „sich anvertrauen". Gemeint ist hier das Sich-einander-anvertrauen von Frauen. „Um erwachsen zu werden, braucht eine junge Frau eine Ältere als Vorbild und Spiegel ihres symbolischen Wertes." Affidamento beschreibt damit das aufeinander Bezogensein von Frauen, aber auch die Ungleichheit unter Frauen. Denn wir wissen natürlich um die Unterschiedlichkeit in unseren Beziehungen zu anderen Frauen, sei es zu unseren Freundinnen, Nachbarinnen, Kolleginnen, Vorgesetzten, Schwestern, Töchtern, Müttern oder Großmüttern. In den verschiedenen Frauenbeziehungen leben und erleben wir, wie Frauen sich verstehen und einander vertrauen, sich be-stärken und begleiten, aber auch wie sie aneinander geraten, mißtrauisch sind, sich streiten, be-neiden und be-kriegen.

Was verbindet? Was trennt?

Was macht die Beziehungen unter Frauen so bedeutsam und zugleich so schwierig? Da ist einerseits die widerstreitende Erfahrung von Nähe und Distanz (von zuviel Nähe und zuwenig Distanz) und die Schwierigkeit, sich in Sachthemen zu streiten und trotzdem freundschaftlich verbunden zu sein. Da sind andererseits „Angst und Unsicherheit" „mangelndes Selbstwertgefühl" und „mangelndes Selbstbewußtsein", „Mißtrauen, Rivalität und Konkurrenz". Und da ist schließlich die Entscheidung, sich zu zeigen und sich im eigenen Denken und Handeln bewußt auf andere Frauen zu beziehen, d.h. sich im Denken und Handeln nicht zuerst von der Polarität zum anderen Geschlecht bestimmen zu lassen.

Nach Meinung der Italienerinnen kann die Unterschiedlichkeit von Frauen erst in der Unabhängigkeit von der Bewertung vom Maßstab des Männlichen sichtbar werden. Das „Sich beziehen auf andere Frauen" ist wichtig, um sich gegenseitig zu ermächtigen und einander anerkennen zu können (oder umgekehrt?). Dieser Ansatz ermöglicht das Anderssein, das „Mehr- oder Größer-Sein" einer anderen Frau nicht länger als Bedrohung zu empfinden, sondern als Impuls für die eigenen Chancen und Möglichkeiten zu begreifen.

Mit Rivalitäts- und Konkurrenzkämpfen in Frauengruppen (und auch hierfür liefert die Bibel Belege), gegenseitiger Abwertung und Mißachtung unter den Frauen gilt es also anders umgehen zu lernen – und dies genauso fruchtbringend anzusehen wie die erlebte gegenseitige Unterstützung von Frauen. Laßt uns das Anderssein, Kämpfen und Streiten als Stärke verstehen und nutzen.

Jede von uns ist anders – voneinander lernen

Die ersten Erfahrungen mit Frauengruppen machte ich bei den Pfadfinderinnen. In mehr als einem Jahrzehnt erlebte ich die Herausforderung, die die pfadfinderische Pädagogik stellt. Die wichtigsten Aspekte bzw. Elemente (so von den Pfadfinderinnen genannt) sind für mich:

1. innerhalb der Großgruppe wird in altersgemischten Kleingruppen gearbeitet
2. Verantwortung übernehmen für den eigenen Fortschritt
3. lerning by doing / Lernen durch das Tun

Je verschiedener wir waren, um so mehr konnten wir voneinander und miteinander lernen und profitieren!

Diese Erfahrungen waren für mich sehr prägend. Sie befähigen und ermutigen mich bis heute, bei der Gründung von Frauengruppen mitzuwirken und sie auf ihrem Weg zu begleiten. Dabei sind mir vier Dinge besonders wichtig:

1. Die Gruppe formuliert für sich, was „ihr" Ziel ist und sorgt selbst für die Erstellung ihres Programms.
2. In jeder Frau stecken Fähigkeiten, die sie zur Gestaltung des Gruppenprogramms einbringen kann.
3. Die Leitung einer Gruppe hat nie eine allein, sondern ein Team von Frauen. Sie verstehen ihre Leitung als „Ansprechpartnerin-Sein nach innen und außen". Jede trägt auf ihre Weise zur Gruppe bei.
4. Werde ich als „Referentin" für einen Abend angefragt, ist es mir wichtig, nicht (nur) über etwas zu referieren, sondern die Frauen selbst mit ihren Sichtweisen und Erfahrungen einzubeziehen und miteinander ins Gespräch zu bringen.

Dieser Ansatz bedingt, daß es eine Vielzahl von Frauengruppen mit ganz unterschiedlichen Zielsetzungen geben kann.

Ich bin selbst Mitglied in Frauengruppen und erlebe hier den Prozeß des Miteinander-Diskutierens und Aneinander-Wachsens als sehr belebend und bereichernd für meine eigene Entwicklung. Auf der Basis des Affidamento können Frauen generationenübergreifend miteinander umgehen, sich in ihren Unterschieden einander lassen und doch aneinander wachsen.

„Groß werden, Ich werden" ...

Zu Beginn meines Artikels habe ich u.a. geschrieben, daß die Mailänderinnen aufzeigen, daß Frauen die Ebene des „Symbolischen", des Zeichenhaften versagt bzw. verschlossen geblieben ist. Ich denke, daß gerade für christlich geprägte Frauen diese Ebene im Bereich von feministischer Spiritualität erschlossen werden kann. Ein Zugang läge in einem erweiterten Gottesbild, das neben den dominierenden männlichen auch die Vielfalt weiblicher Züge aufweist. Ein anderer ereignet sich in der Begegnung mit biblischen Frauengestalten. Maria und Elisabet in Lk 1–2 sind solche Frauen, die sich generationenübergreifend stärken, oder Rut, Orpa und Noemi im Buch Rut, die Gemeinschaften der Witwen, wie sie z.B. in 1 Tim 5 sichtbar werden, die Nachbarinnengemeinschaften (Lk 15,9) aber auch die vielen streitbaren Frauen der Bibel, die uns in diesem Bändchen der FrauenBibelArbeit vorgestellt werden.

Die biblische Frauen bereichern uns, machen Mut und geben Frauen ihre Würde und Bedeutung zurück. Selbst im Frauenstreit steckt die Chance, sich zu entwickeln, „größer zu werden" und einen – wenn auch nur winzigen – Teil Deiner selbst entdecken.

Wenn Frauen/Menschen in Konflikte geraten, wenn Rivalitätskämpfe oder andere Schwierigkeiten das Miteinander erschweren, gilt es nach Wegen zu suchen, die aus unerfreulichen Zuständen herausführen.

Es gibt erprobte Strategien, um Konflikte anzugehen und gemeinsam Lösungsmöglichkeiten zu finden. Wir möchten in diesem Bändchen nur einen Lösungsweg vorstellen. Ein/e neutrale/r Moderator/in könnte dabei eine große Hilfe sein.

Problemlösemethode (PLM)

1. Beschreibung des Problems (aus der Sicht der Person, die das Problem einbringt). Dabei möglichst trennen zwischen
– der Schilderung der beobachtbaren Situationsbestandteile (Ort, Zeit, Anlaß, Aktionen und Reaktionen der beteiligten Personen, evtl. Vorgeschichte des Problems) und den
– Gedanken, Bewertungen und Empfindungen der betroffenen Person

2. Wechsel der Perspektive
– Wie sah und erlebte der/die andere die problematische Situation?
– Was dachte und empfand er/sie dabei? Wie sahen und erlebten evtl. andere beteiligte Personen die Situation?

3. Analyse des Problems (Ist-Zustand)
– Worin genau liegt das Problem? Wie könnten die Zusammenhänge sein?

4. Formulierung des Soll-Zustandes
– Wie soll die Situation nach der Problemlösung aussehen? Kurz – mittel – langfristig?

5. Erarbeiten von Handlungsmöglichkeiten
– Sammeln aller möglichen und unmöglichen Einfälle zur Lösung des Problems

6. Handlungsbewertung und -entscheidung
– Prüfen aller Ideen auf ihre Vor- und Nachteile: Abwägen von Aufwand und erwartbarem Ergebnis; Entscheidung für eine Handlungsmöglichkeit

7. Erarbeitung konkreter Handlungsschritte und Umsetzhilfen
– Handlungsidee umsetzen in konkrete durchführbare Handlungsschritte,
– Entschluß fassen; Umsetzhilfen planen z.B.: Merkzettel, Gegenstände, Selbstaufforderungen

(Aus: DIFF, *Diethelm Wahl / Wolfgang Mutzeck* „Bausteine für die erwachsenenpädagogische Weiterbildung – Probleme der sozialen Interaktion", Deutscher Studien Verlag, Weinheim S. 54–62, © bei den Autoren)

Marliese Walter

Mechthild Alber

Eine Mitte gestalten

Grundsätzliche Überlegungen

Für viele Frauen heißt Bibelarbeit: um einen Tisch sitzen, einen biblischen Text lesen und den Ausführungen des Leiters oder der Leiterin zuhören ... Bibelarbeit kann aber auch ganz anders aussehen: biblische Geschichten gewinnen Gestalt, ganze „Landschaften" entstehen im Raum, und man kann die Wege der biblischen Gestalten gleichsam nachgehen. Oder man vertieft sich in den Anblick einer gefüllten Wasserschale und begegnet dabei innerlich der Frau am Jakobsbrunnen, die lebendiges Wasser sucht. Vielleicht „baut" man auch mit bunten Seidentüchern und Glitzerrand die verlockende Stadt Tarschisch, in die Jona entfliehen wollte. Immer geht es dabei um ein Be-greifen mit allen Sinnen, um den lebendigen Sinn biblischer Geschichten zu entdecken. In den letzten Jahren haben solche ganzheitlichen Zugänge zur Bibel an Bedeutung gewonnen, und gerade Frauen haben diese Impulse dankbar aufgegriffen. Eine relativ einfache Methode dazu ist die Gestaltung einer Mitte, wie sie vielfach in der Bibelarbeit praktiziert wird.

Es ist gut, sich vor einer Veranstaltung zu überlegen, wie die Teilnehmerinnen dasein werden: um einen Tisch sitzend, im offenen Stuhlkreis, sich bewegend im leeren Raum ... Jede „Anordnung" hat ihre Chancen und ihre Begrenzungen. Am Tisch zu sitzen bietet sich an, wenn mit Texten gearbeitet wird. Er bietet den Teilnehmerinnen Sicherheit, aber eben um den Preis einer Verkürzung ihrer leiblich-sinnlichen Dimension. Im Stuhlkreis sind wir mehr mit unserem ganzen Leib sichtbar (was manche Frauen auch blockieren kann!), die Kommunikation besteht nicht mehr nur aus Worten, sondern sie findet auch stärker in unseren Körpern (Haltung, Gestik etc.) Ausdruck. Man merkt als Leiterin z.B. direkter, ob die Teilnehmerinnen noch dabei sind oder nicht. Es ist umgekehrt auch schwerer, sich als Teilnehmerin herauszunehmen. Alle grenzen sozusagen unmittelbar an den offenen

Raum in der Mitte an, der sich mit dem Thema aber auch mit den angeregten Gedanken und Gefühlen der Teilnehmerinnen füllt. Manches wird in Worte gefaßt, aber vieles bleibt unbenannt und gleichsam schwebend im Raum, ist nur zu spüren als Atmosphäre oder Dichte, die zwischen den Teilnehmerinnen entsteht. Wenn eine Mitte gestaltet wird, geht es letztlich darum, daß diese Zwischentöne Gestalt annehmen.

Sich wohl fühlen

Es geht also nicht bloß um Dekoration, wobei auch dieser Aspekt nicht negativ zu werten ist. Gerade wenn der Raum sonst wenig hergibt, ist ein Blickfang für die Augen Ausdruck für eine Grundeinstellung der Veranstalterinnen: die Teilnehmerinnen sollen sich hier wohl fühlen. Es wird ihnen nicht nur irgendein Inhalt verabreicht, sondern es geht darum, als ganzer Mensch dazusein. Meistens haben Frauen hierfür ohnehin einen ausgeprägten Sinn.

Symbole einer themabezogenen Mitte

Die themenbezogene Gestaltung einer Mitte will aber mehr: aus Dingen sollen Symbole werden. Wer also eine Mitte gestaltet, „verwandelt" konkrete Dinge – etwa Tücher, Steine, Bilder, Kerzen zu Bedeutungsträgern. Mit ihrer Hilfe kann eine biblische Geschichte Gestalt gewinnen – etwa der Weg der Jünger nach Emmaus. „Jerusalem" wird aus dunklen Tüchern gestaltet, ein Kreuz liegt darauf. Auf dem „Weg nach Emmaus" werden die Tücher immer heller und farbiger. „Emmaus" symbolisiert eine Schale mit gebrochenem Brot. Der Weg führt zurück nach Jerusalem (beschreibt also einen Kreis) und die hellen, farbigen Tücher „münden" in das Schwarz Jerusalem. Die Gestaltung bezieht sich also zunächst auf diese biblische Geschichte – aber ihre Symbolkraft entwickelt zugleich eine eigene Dynamik. Etwa die Tücher wirken unmittelbar aus der Kraft ihrer Farben und jede einzelne Teilnehmerin wird sie ein bißchen anders wahrnehmen und mit ihren eigenen Gedanken und Gefühlen aufladen. In der biblischen Emmausgeschichte kann ihre persönliche Emmausgeschichte anklingen, die eigenen Erfahrungen mit Verzweiflung und aufkeimender Hoffnung. Ein Symbol ist eben nicht einfach nur auf eine einzige Bestimmung zu reduzieren.

Es gebiert ständig neue Bedeutungen. Und das ist die große Chance, wenn man eine Mitte gestaltet.

Es geht also auch nicht bloß darum, eine biblische Szene anschaulich zu machen, vielmehr dem noch Unentdeckten Raum zu geben. Im Idealfall setzt eine gestaltete Mitte den Impuls für einen schöpferischen Akt, den dann jede Teilnehmerin selbst tut. Indem sie sich auf die symbolische Ebene einläßt, erschließen sich ihr neue Sinndimensionen. Das kann durch reines Betrachten einer gestalteten Mitte geschehen, noch intensiver wird dieses Geschehen, wenn die Teilnehmerinnen selbst beginnen zu gestalten.

Praktische Anregungen

Für die Gestaltung einer Mitte bewährt es sich, mit einfachen Grunddingen zu arbeiten:
- Für die Symbolkraft der Farben verschiedenfarbige Tücher (es bewährt sich, weichere und festere Tücher zu haben; die festeren, einfarbigen bekommt man ganz günstig als Dekoware in Einrichtungsgeschäften, die weicheren erwerbe ich immer bei den Schlußverkäufen; Baumwolle oder Seide 80 × 80 cm)
- Kerzen,
- Naturmaterialien (Blumen, Holz, Rinde, Steine, Ähren, Körner etc.)
- optisch ansprechende Gegenstände wie Glasmurmeln, Halbedelsteine, schöne Muscheln
- Material, um Beziehungen anzuzeigen wie bunte Fäden, Stricke
- Postkarten mit Motiven wie: Baum, Tür, Weg, Mutter mit Kind, Stadt, Kunstbilder ...
- Schalen, Krüge, etc.
Je ursprünglicher etwas wirkt, desto eher kann es zum Symbol werden. Wer öfters so arbeiten möchte, für den empfiehlt es sich, seine „Siebensachen" stets zusammenzuhaben, sozusagen die „Spielkiste" für die Bibelarbeit – wie es eine Teilnehmerin einmal nannte.

Wer vorneweg eine Mitte gestalten möchte, greift aus seinem Thema einen gestalterischen Schwerpunkt heraus, den er in Szene setzen möchte: z.B. den Schwesternstreit zwischen Marta und Maria. Mit den farbigen Tüchern kann man den Grundton geben, in diesem Fall also möglichst komplementäre Farben wie rot/orange und blau. Auf diese

Tücher legt man nun die unterschiedlichen „Accessoires" der beiden: etwa für Marta häusliche Arbeitsgeräte, ein Kochbuch, eine Küchenschürze etc.; für Maria ein Bild von einer Frau, die in ein Gespräch vertieft ist, vielleicht ein Buch oder ein meditatives Bild. Diese Gegenüberstellung kann die Frauen anregen zum Gespräch. Die eine wird sich eher zu Maria, die andere eher zu Marta hingezogen fühlen, d.h. so ein Bodenbild kann Bewegung in eine Runde bringen, und das bringt meist auch einen fruchtbaren Prozeß in Gang. Und wo ist Jesus? Verändert sich durch ihn das Bild? Und wie könnte das aussehen? Die Frauen können ihre eigenen Ideen einbringen – und damit ihre Lebenserfahrungen. Bekommt Maria durch Jesus mehr Raum, dürfen sich Frauen also mehr als üblicherweise zuerkannt dieser Seite zuwenden? Solche Überlegungen können also immer wieder plastisch Gestalt annehmen und die Ausgangssituation verändern. Und darum geht es ja in den meisten biblischen Erzählungen, daß sich etwas zum Guten hin verändert, aus einer Enge und Behinderung befreit wird.

Beispiel: Emmaus-Gang

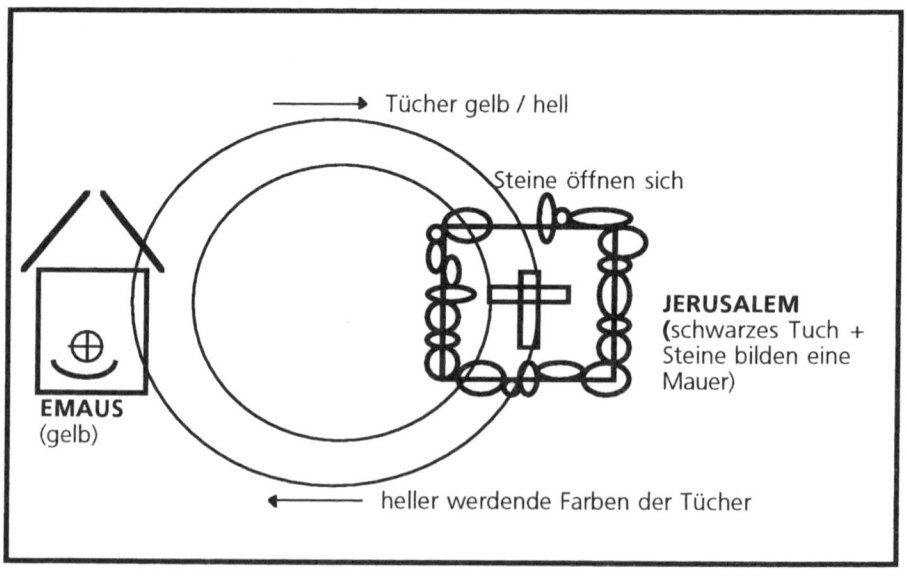

Gemeinsame Gestaltung der Mitte durch die Gruppe

Unmittelbar die Frauen zur Gestaltung einer leeren Fläche zu ermuntern, ist etwas schwieriger, braucht also eine gute, möglichst unverkrampfte Motivation. Das kann eine sehr tiefgehende Methode sein, wenn es darum geht, sich seiner eigenen Geschichte bewußt zu werden, z.B. der Geschichte des eigenen Glaubens. Die Frauen gestalten dann jede für sich ein Bodenbild, in dem ihre Geschichte symbolisch Gestalt annimmt. Der Vorteil ist, daß das Bild für sich spricht und nicht alles in Worten erläutert werden muß. Der Prozeß der Gestaltung bringt ja oft genug noch Unentdecktes hervor. Bodenbilder sollten also möglichst eine Weile lang liegen bleiben.

Wenn gemeinsam ein Bild gestaltet wird, ist es hilfreich, gewisse *Grundstrukturen* vorzugeben, z.B. ein großes Tuch in der Mitte (oder ein rundes Tischtuch), die Einteilung des Bildes (hier ist Tarschisch, gegenüber ist Ninive und in der Mitte das große Meer ...). Es steht jetzt mehr das gemeinsame Tun im Vordergrund, man kann also nicht so ungestört nach der eigenen Gestalt suchen. Auch hier gilt: die Leiterin muß sich im vornherein klar sein, welches Ziel sie anstrebt.

Sehr gut bewährt hat sich als Einstieg für einen Besinnungstag, wenn möglichst viele (alle?) einen Gegenstand/ein Symbol mitbringen, das sie/er mit dem Thema in Zusammenhang bringt. Alle gestalten gemeinsam aus dem Mitgebrachten „ihre" Gruppenmitte. Alternativ dazu wird das Material (Tücher, Figuren, Bilder, Tonpapier, Stifte und Scheren) von der Leitung bereitgestellt. Auf Papierstreifen können die Teilnehmerinnen Gedanken und Worte notieren.

Einsatz von Biblischen Figuren

Inzwischen gibt es in vielen Gemeinden/Gemeinschaften Biblische Erzählfiguren (auch sogenannte Egli-Figuren). Mit ihnen lassen sich wunderbar biblische Geschichten vor Augen stellen, und die gestische Ausdruckskraft der Figuren hilft, selbst in die Geschichten hineinzukommen. Im Bibelwerk ist eine gute Handreichung erschienen, die noch viele konkrete Tips für die Gestaltung mit diesen Figuren gibt: *Anneliese Hecht*, Kreatives Arbeiten mit Biblischen Figuren. Methoden, Übungen und Bibelarbeiten, zu bestellen bei: Kath. Bibelwerk e.V., Silberburgstraße 121, 70176 Stuttgart, DM 16,00.

Beispiele für eine Gestaltung der Mitte zu den Bibelarbeiten des vorliegenden Bandes

1. Bibelarbeit zu Lea und Rachel

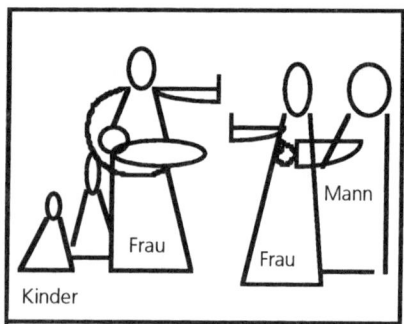

– *Biblische Figuren stellen:*
Frau mit Kindern auf der einen Seite
Frau mit Mann auf der anderen Seite

Alternativ ▷

– rote Tücher = füreinander ein
„rotes Tuch" sein
– lila Farbe = Frauensymbol
– Gelbe/goldene Farbe = Gottessymbol
– über Kreuz = verweigernd
– offener Kreis = gewährend

2. Bibelarbeit zu Delila und Simson

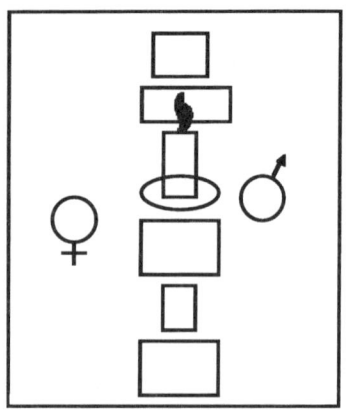

▷ Alternativ

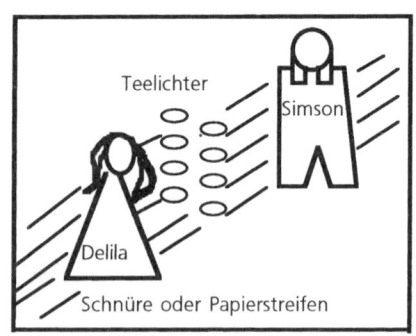

– *„Frau"- und „Mann"symbol mit Ton-*
papier oder Tüchern gestalten
– *Bilder aus Zeitschriften mit Mann-*
Frau-Beziehungen in eine Reihe legen

– *Figuren ausschneiden aus Tonpapier*
oder mit Tüchern legen
– *Schnüre darunter legen und*
Teelichter zwischen Figuren stellen

3. Bibelarbeit zu Frau gegen Gott

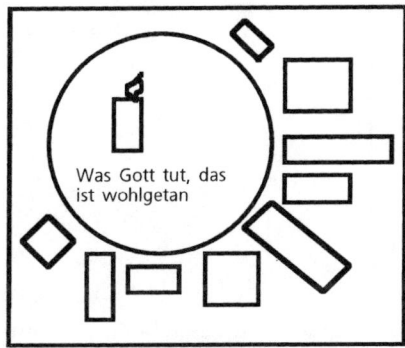

1. Schritt: *rundes Plakat mit Liedanfang: „Was Gott tut", anfertigen*
2. Schritt: *Zeitungsausschnitte darum herum legen*
3. Schritt: *Streifen mit Bibelstellen/-zitaten zu Unrechtserfahrungen von Menschen
   ergänzen*

4. Bibelarbeit zu Sara und Hagar

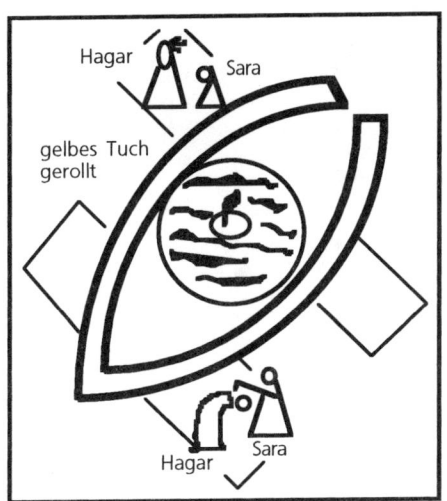

Schüssel (dunkel) mit Schwimmkerze, einen Brunnen symbolisierend und zugleich
„Pupille" eines Auges, dessen Konturen ein gerolltes, gelbes Tuch bildet (Symbol des
Gesehenwerdens von Gott am Brunnen).
Figuren: Biblische Figuren oder aus Tonpapier ausgeschnitten:
Größere Frau blickt auf kleinere (Hagar läßt Sara klein werden in ihren Augen); Frau
beugt eine andere (Sara beugt Hagar nieder).

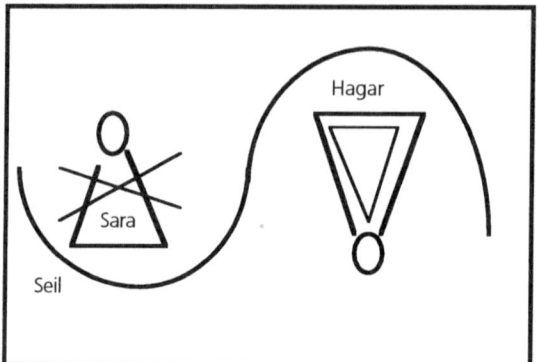

◁ Alternativ

Die Figuren werden aus Tuch oder Tonpapier gestaltet: Auf der einen Seite ein Symbol für Sara, deren Mutterschoß von Jahwe versperrt ist (links), und auf der anderen Seite Hagar, die zwei Konturen hat, eine kleinere (ursprüngliche) und eine größere (spätere, da ihr durch die Schwangerschaft mehr Bedeutung zukommt).

5. Bibelarbeit zu dem Motiv der zänkischen Weiber in der Weisheitsliteratur

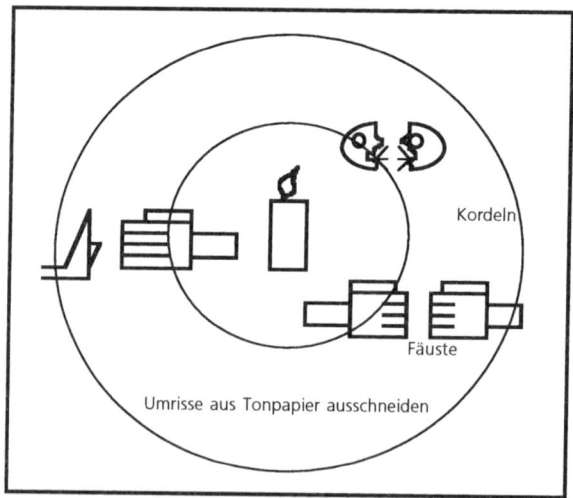

Umrisse auf Tonpapier zeichnen und ausschneiden.
Bilder:
– abwehrende Hand gegen aggressive Hand
– zwei Fäuste gegenüber
– zwei schreiende Gesichter einander gegenüber
Die Bilder werden auf Kreise (Bedeutung: sich ausweitend) gelegt, die z.B. durch Kordeln gebildet werden.

6. Bibelarbeit zu Marta und Maria

– Marta
Symbole aufstellen:
Schüssel, Krug, Gefäß
= „viele Dinge"

– Maria

Bibel / Gebetbuch = „Wort"

▷ Alternativ

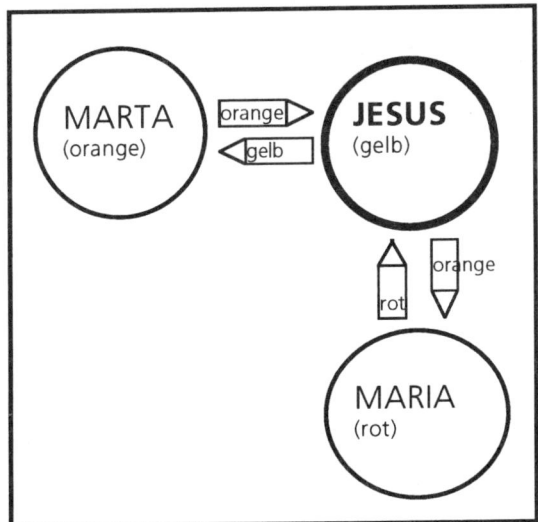

Runde farbige Papierkreise und Pfeile, die die
Beziehung wiedergeben

7. Bibelarbeit zu den 10 Jungfrauen

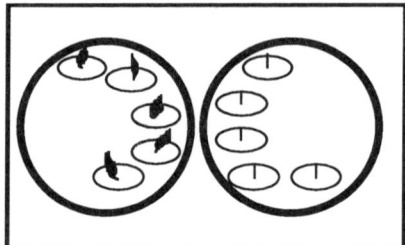

▷ Alternativ

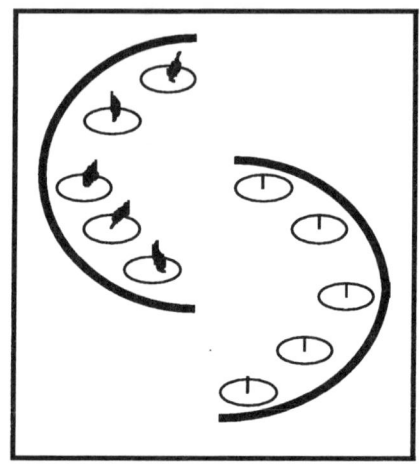

links: fünf brennende Teelichter auf goldenem Kreis (mit Goldpapier bezogene Pappe)
rechts: fünf ausgebrannte Teelichter auf schwarzem Kreis (mit schwarzem Tuch oder Papier bezogen)

fünf brennende Teelichter oder kleine Gefäße mit Öl (z.B. Gläschen von Kirchenlichtern) und 5 ausgebrannte Teelichter oder leere Gefäße

Die Herausgeberinnen

Dr. Bettina Eltrop, geb. 1961, Promotion über „Kinder im Matthäusevangelium", seit 1994 Referentin im Katholischen Bibelwerk e.V. in Stuttgart mit dem Schwerpunkt Redaktionen, Bibelarbeit mit Frauen, Familien, Bibel und Tanz.

Dipl.-Theol. Anna-Elisabeth Hecht, geb. 1954, seit 1982 Referentin beim Katholischen Bibelwerk e.V. mit den Schwerpunkten: Kurse für Methoden der Bibelarbeit in Gruppen, vor allem text- und lebensbezogene Zugänge, wie erfahrungsorientierte Ansätze, Bibliodrama, Ausdruckstanz, Biblische Figuren

Dr. Hedwig Lamberty-Zielinski, geb. 1957, Promotion über das Schilfmeermotiv im Alten Testament, seit 1990 Theologische Referentin für die Katholische Frauengemeinschaft im Erzbistum Köln, Supervisorin.

Dr. Gabriele Theuer, geb. 1965, Promotion im Alten Testament über Mondgottheiten im altsyrischen Raum und in Palästina, Referentin für den Grundkurs Bibel in der Diözese Rottenburg-Stuttgart, Tätigkeit in der biblischen Erwachsenenbildung.

Die Autorinnen

Dipl.-Theol. Mechthild Alber, bisher Referentin für Ehe und Familie bei der Diözese Rottenburg-Stuttgart, freie Referentin in der theologischen Erwachsenenbildung

Dipl.-Theol. Dieter Bauer, geb. 1956, seit 1981 Wissenschaftlicher Mitarbeiter beim Kath. Bibelwerk e.V., Stuttgart und Redakteur von „Bibel heute"

Dr. Sabine Bieberstein, Bolligen, geb. 1962, Fachfrau für Neutestamentliche Bibelwissenschaft, Pastoralassistentin in Bern

Dr. Bettina Eltrop, s. oben

Gabriele Fischer, geb. 1958, seit 1985 Gemeindereferentin, von 1992–1996 die erste Diözesankuratin der Pfadfinderinnenschaft St. Georg in Rottenburg-Stuttgart

Dipl.-Theol. Anneliese Hecht, s. oben

Dipl.-Theol., Dipl.-Päd. Petra Heilig, geb. 1963, Aufbaustudium Feministische Befreiungstheologie in den USA, Erwachsenenbildungstätigkeit, seit 1995 Bildungsreferentin bei der Arbeitsgemeinschaft Kath. StudentInnen und Hochschulgemeinden (AGG) in Bonn

Dipl.-Theol. Ida Lamp, ist in der freien Erwachsenenbildung als Theologin, Kommunikationstrainerin, Psychodramaassistentin tätig und wirkt daneben als Journalistin

Dipl.-Theol. Claudia Rakel, Mitarbeit an der Arbeits- und Forschungsstelle „Feministische Theologie", Münster und wiss. Assistentin für Altes Testament und Theologische Frauenforschung an der Universität Bonn

Dr. Eleonore Reuter, geb. 1961, Studium der Chemie und Kath. Theologie, Diözesanleiterin des Kath. Bibelwerks e.V. im Bistum Osnabrück, freie Referentin in der biblischen Erwachsenenbildung

Dr. Gabriele Theuer, s. oben

Christel Voß-Goldstein, geb. 1948, Studium der Kath. Theologie und Geschichte, tätig in der Erwachsenenbildung, seit 1988 Referentin der Kath. Frauengemeinschaft Deutschlands

Der Redaktionskreis

Dr. Ulrike Bechmann, Stein, geb. 1958, Theologische Referentin und Geschäftsführerin des Deutschen Weltgebetstagskomitees

Dr. Bettina Eltrop, s.o.

Msgr. August Gordz, Düsseldorf, geb. 1927, Pfarrer

Dipl.-Theol. Anneliese Hecht, s.o.

Doris Henseler, Verlagsleiterin des Klens Verlag GmbH, Düsseldorf

Dr. Hedwig Lamberty-Zielinski, s.o.

Hedi Pelletier, geb. 1955, Pastoralreferentin, seit 1993 in der Frauenarbeit, geistliche Begleiterin der Kath. Frauengemeinschaft Deutschland im Dekanat Kyllburg/Eifel

Annegret Puttkammer, evangelische Pfarrerin in Wiesbaden-Dotzheim

Dr. Gabriele Theuer, s.o.

Marliese Walter, Schwendi/Oberschwaben, Hauswirtschafterin und Erwachsenenbildnerin, Schwerpunkte: Bibelarbeit in der Gemeinde, Frauenkreise und Trauerbegleitung

Dipl.-Theol. Herbert Wilfart, Stuttgart, geb. 1948, Lektor im Verlag Katholisches Bibelwerk, Stuttgart